RENATO NOGUERA
O QUE É O LUTO

RENATO NOGUERA
O QUE É O LUTO

COMO OS MITOS E AS FILOSOFIAS ENTENDEM A MORTE E A DOR DA PERDA

Rio de Janeiro, 2022

Copyright © 2022 por **Renato Noguera**

Todos os direitos desta publicação são reservados à Casa dos Livros Editora LTDA. Nenhuma parte desta obra pode ser apropriada e estocada em sistema de banco de dados ou processo similar, em qualquer forma ou meio, seja eletrônico, de fotocópia, gravação etc., sem a permissão dos detentores do copyright.

Diretora editorial: Raquel Cozer
Coordenadora editorial: Malu Poleti
Editora: Mariana Gomes
Assistência editorial: Camila Gonçalves
Copidesque: Carolina Cândido
Revisão: Tággidi Mar Ribeiro, Amanda Tiemi Nakazato e Laura Folgueira
Capa: Mauricio Negro
Projeto gráfico e diagramação: Isabella Silva Teixeira

Dados Internacionais de Catalogação na Publicação (CIP)
Angélica Ilacqua CRB-8/7057

N699q

Noguera, Renato
O que é o luto: como os mitos e as filosofias entendem a morte e a dor da perda / Renato Noguera. — Rio de Janeiro : HarperCollins, 2022.
208 p. : il.

Bibliografia
ISBN 978-65-5511-344-0

1. Morte 2. Luto 3. Ritos de passagem I. Título

22-1785

CDD 393.9
CDU 393.7

Os pontos de vista desta obra são de responsabilidade de seu autor, não refletindo necessariamente a posição da HarperCollins Brasil, da HarperCollins Publishers ou de sua equipe editorial.

Rua da Quitanda, 86, sala 218 — Centro
Rio de Janeiro, RJ — CEP 20091-005
Tel.: (21) 3175-1030
www.harpercollins.com.br

Para todas as pessoas que perderam alguém ou alguma coisa especial, seja um emprego, um país ou um sonho...

SUMÁRIO

Introdução   8

Capítulo 1   19
Os mitos da morte e da modernidade

Capítulo 2   37
Em busca do grão de mostarda: uma
tese budista sobre a morte e o luto

Capítulo 3   55
A morte e o luto na África Global: a história
de Oyá Egun Nitá e o gurufim

Capítulo 4   71
Kuarup e Sabonomo: a morte e o luto no mundo
Xingu e na Amazônia

Capítulo 5   85
O *Livro do vir à luz do dia*: a morte e o luto no
Kemet (Egito antigo)

Capítulo 6   99
A luta de Antígona pelo direito ao luto: o papel do
funeral na mitologia grega

Capítulo 7   113
Aceitando a partida: o luto na tradição islâmica

Capítulo 8 125
O luto no México: 2 de novembro é dia de festa

Capítulo 9 135
O barco em fogo no mar: a morte e o luto
na mitologia nórdica

Capítulo 10 149
A deusa Kali: a morte e o luto na cultura hindu

Capítulo 11 163
Shivá, Shloshim, Yurtzait: as etapas do luto na
cultura judaica

Capítulo 12 175
A morte e o luto em tradições filosóficas chinesas

Conclusão 188

Agradecimentos 199

Referências bibliográficas 200

Introdução

A PRIMEIRA VEZ QUE vi meu avô materno chorar foi em um enterro. Meu tio, João Nunes, com menos de quarenta anos, havia morrido. Meu avô, Wilson Nunes, enterrava o próprio filho. Um acontecimento "antinatural" que me marcou de diversas formas. Era a primeira vez que via um homem chorando e também que presenciava tal cerimônia. Na época com seis anos, achava o aspecto do ambiente sombrio.

Outras perdas se seguiram, de familiares e pessoas próximas. A imagem do meu avô chorando ficou borrada na minha memória por muito tempo. Aos doze anos, a morte da minha avó materna, Elvira de Mello Nunes, foi uma experiência de enlutamento. Recordo-me de me sentir como se tivesse girado em torno do meu próprio eixo e, em seguida, tentasse andar em linha reta.

Os afetos aparecem todos embaralhados de tal maneira que não sabemos mais pôr as cartas do jogo da vida à mesa. Se aceitamos, mesmo como um simples entendimento, a noção de que a vida é uma espécie de jogo, um luto não vivido ou "mal vivido" seria como o retrato de alguém perdido no meio da partida.

Eu vi meu avô chorando novamente no enterro da minha avó. Me lembro de ir para a escola em um dos poucos dias frios de setembro na primavera carioca. O frio se mantinha presente com tamanha rigidez que fazia meus ossos se contraírem. Com a mesma intensidade, uma ideia se apresentou: o entendimento de que as coisas terminam e que nós, seres humanos, morremos.

Quando eu morava em São Paulo, em meados da década de 1990, voltei ao Rio de Janeiro só para visitar minha tia Maria Nunes, que estava em casa sob cuidados paliativos. Não pude ir ao enterro, meses depois. Mas naquele dia, quando a visitei, conversei com ela e peguei na sua mão.

Nós precisamos nos despedir de pessoas queridas. A morte de alguém da nossa família pode suscitar alguns pensamentos. A morte do meu avô, assim como a do meu pai uma década depois, me fez refletir intensamente sobre a minha própria morte. O atordoamento de sentir-se em suspensão, sem um lugar ao qual possamos nos agarrar, é uma sensação que se mistura à tontura afetiva. Ficamos, muitas vezes, sem ação.

Eu me lembro de quando recebi a notícia da morte da minha avó paterna, Maria de Lourdes dos Santos. Já era um homem adulto, casado, pai e dono de casa. A sensação de choque dominou o meu corpo. O mesmo ocorreu quando amigos queridos, como Sandro Lopes e Denise Fernandes, se foram. É uma sensação comum. O choque é um fenômeno que diminui a oxigenação do corpo, faz o pulso enfraquecer, os olhos perderem o brilho e a pressão arterial baixar. No mundo do samba é comum fazer um gurufim, uma cantoria dançante que celebra a vida de quem nos deixou, como aconteceu no enterro de um dos meus maiores mestres, Edinho de Oliveira.

O filósofo camaronês Achille Mbembe diz que todas as pessoas estão sujeitas a mecanismos de identificação. Por exemplo, cada um de nós possui "uma certidão de nascimento. Quando morremos, a administração emitirá um atestado de óbito". O nascimento e a morte são modos de entrar e sair na e da vida. Pois bem, ao longo de uma vida, seja reduzida ou prolongada, passamos por muitos papéis.

A vida pode ser lida a partir do enlutamento, nós podemos nos definir pelas nossas perdas. Um adolescente é alguém que vive o luto da sua infância, vive um período em que as mudanças hormonais estão em conflito com a memória de um tempo mais brincante. O envelhecimento também provoca o enlutamento. Uma pessoa com noventa anos tende a precisar de alguns cuidados especiais e pode nutrir o sentimento de perda da autonomia anterior. As massas refugiadas que perdem o país e passam a viver em uma nova cultura, falando uma língua até então pouco conhecida e sem o lugar social que possuíam antes, são pessoas enlutadas.

A classificação de alguém como desempregado é um estado de luto; a perda de um emprego, em qualquer circunstância, produz uma necessidade de reorganização, assim como o fim de uma amizade. A morte de um animal de estimação também configura um enlutamento. Términos, sejam eles de namoro ou de casamento, nos colocam em processo de luto e, muitas vezes, mesmo diante de um divórcio considerado necessário, é comum algum grau de tristeza que corresponde a um sentimento de luto.

Em certa medida, nós poderíamos ler a nossa vida a partir das perdas. O luto pode ser compreendido como um afeto poderoso que nos atordoa, nos separando do mundo. A desconexão do mundo não deixa de ser uma forma de defesa. Ao mesmo tempo que o luto nos informa um desgosto, ele se configura como uma forma de vivenciar a impermanência da vida.

O luto é um sentimento que ocorre quando rompemos um laço afetivo. Pode ser pela morte de alguém, por uma separação, descoberta de uma doença grave, necessidade de amputação de um membro, obrigatoriedade de migração, dentre outras possibilidades. Ou seja, qualquer laço afetivo que for rompido gera um enlutamento.

No final do ano de 2020 e início de 2021, após uma série de exames, recebi a notícia de que precisava passar por um tratamento, cirurgia ou radioterapia para enfrentar um câncer de próstata. Tinha, na época, 48 anos. Percebi como a doença afetava o sabor das coisas e, para preservar minha vida, o urologista especializado em cirurgia robótica recomendou uma operação que deveria ser realizada o mais rápido possível.

O diagnóstico de câncer ainda parece estabelecer uma espécie de condenação prévia, ou, pelo menos, uma sensação enorme de risco de morte. Após a cirurgia, veio o meu enlutamento, mas um luto antecipatório com certeza ocorreu desde que recebi a notícia. Os exames trimestrais nunca deixam de ser assustadores. Ocorre de forma semelhante às mulheres que, por conta do câncer de mama, são submetidas a uma cirurgia de mastectomia. É muito comum que a morte de alguém seja tida como o elemento que desencadeia o luto, mas, como podemos perceber, esse conceito vai muito além.

Em 1969, a psiquiatra suíço-americana Elisabeth Kübler-Ross publicou *Sobre a morte e o morrer*, trabalho que popularizou o luto como um processo em cinco estágios: negação, raiva, barganha, depressão e aceitação. De acordo com a autora, o primeiro estágio é um mecanismo espontâneo de defesa que consiste em um momento de isolamento. Caracteriza-se por um conjunto de pensamentos, memórias e bastante tristeza que pode trazer perguntas e afirmações de recusa da realidade, tais como: "por quê?" ou "não é real! Não está acontecendo".

A segunda fase do luto é a raiva, uma emoção ligada à frustração. A memória refaz os caminhos e acontecimentos que, se fossem evitados, poderiam ter impedido a partida de uma pessoa querida. A hostilidade

O que é o luto

cresce à medida que os planos com aquela pessoa se tornam impossíveis, com a raiva deslocando a atenção do sofrimento.

A terceira etapa é uma espécie de negociação, também chamada de barganha. Nessa fase, as fantasias e delírios buscam criar uma realidade paralela, tentando intervir no mundo. O maior desejo é voltar no tempo, seja para impedir o que provocou a morte ou para aproveitar momentos que não foram devidamente vividos. Muitas vezes a pessoa se culpa por não ter tido alguma atitude que pudesse ter impedido a morte. Alguém passando por essa fase pode pensar: "se eu tivesse feito ela ser mais rígida na dieta, ela não teria se alimentado mal e tido um infarto".

Na quarta etapa, a depressão se instala. A autora analisa dois tipos de depressão. A primeira é a depressão reativa, em que a pessoa perde um papel social que lhe era caro. Por exemplo, um pai que perde o filho único fica deprimido e reativo, porque perdeu uma pessoa amada e a sua função de pai. O outro tipo de depressão é a preparatória. Nesse caso, a pessoa está se organizando para enfrentar o momento.

O último estágio é a aceitação, a pessoa começa a se localizar no novo quadro, reconhecendo que a perda é permanente.

Esses estágios do luto fazem sentido para você que está lendo? Ao longo do percurso de doze capítulos deste livro, vamos enfrentar essa e outras perguntas por meio de mitos e filosofias. Nosso caminho começa com o mundo contemporâneo. Como lidamos com o luto hoje? Existe algum mito que nos ajude a compreender como experimentamos a perda e como podemos nos organizar para vivenciá-la da melhor maneira possível? O modo como Ulisses enfrenta as sereias na mitologia grega e as reflexões do filósofo sul-coreano Byung-Chul Han nos ajudam a pensar a respeito. Em seguida, o pensamento filosófico budista nos convida a compreender a perda de alguém como um fenômeno do qual não podemos nos esconder. No contexto da cultura africana dentro e fora do continente, por que existem formas de lidar com a morte e o luto que nos chamam para dançar? Alguns funerais são marcados por cerimônias em que carregadores bailam com o caixão da pessoa falecida, prestes a ser enterrada.

No quarto capítulo, temos um exercício mítico-filosófico que demonstra como algumas culturas dos povos originários da América se organizam diante desses fenômenos. De volta à África, trabalharemos a filosofia kemética ensinada no *Livro do vir à luz do dia*, conhecido equivocadamente como *Livro dos mortos*. Então, avançaremos alguns séculos, direto para o mundo grego, para entender como Antígona, personagem da tragédia grega de Sófocles, nos diz o quanto é importante enterrar nossos mortos.

A cultura islâmica, apresentada no sétimo capítulo, e a judaica, no décimo capítulo, serão apresentadas para mostrar suas formas de interpretar o luto. Também visualizaremos os costumes mexicanos, na celebração do dia 2 de novembro.

O que é o luto

Partindo para a cultura nórdica, analisaremos como os vikings podem nos inspirar ainda hoje no enfrentamento de uma perda. Na Índia, considerando especificamente o hinduísmo, aprenderemos como devemos lidar com a partida. E, a partir das filosofias taoísta e confucionista, veremos quais as tecnologias para lidar com a morte e o luto.

E no caso de temas tabus, como o suicídio, como vivenciamos o luto? A culpa de familiares e pessoas próximas se mistura com algum remorso? O sociólogo francês Émile Durkheim fez uma análise do fenômeno e, em linhas gerais, apresentou o suicídio como um fato social que decorre da baixa coesão às normas e regras. Ou seja, o sofrimento brutal ocasionado pela falta de sentido transforma a morte no "sentido da vida".

Na Alemanha do século XVIII, após a publicação do livro *Os sofrimentos do jovem Werther*, de Johann Wolfgang Goethe, em 1774, uma onda de suicídios foi constatada. Desde então, um tipo de acordo tácito estabeleceu que não devemos noticiar casos de pessoas que tiram a própria vida. Na obra, após uma decepção amorosa, Werther acaba se matando. Mas realmente não devemos falar sobre o suicídio?

A intenção é que, durante esta leitura, possamos perguntar pelo sentido da vida num momento em que tudo soa sem sentido. O que fazer quando a solidão é nua, fria e sem retoques? Quando a memória sempre retorna para a notícia da morte de alguém ou quando a lembrança insiste em nos oferecer a imagem da separação? Na hora que somos incapazes de perceber o tempo,

15

no momento em que ficamos dentro de um enredo circular de tristeza marcado pelo atordoamento do imprevisto e da surpresa de um fim de relacionamento?

É sabido que a filosofia não tem receitas e caminhos preestabelecidos. O mito é o retrato de um modelo ancestral que nos informa algo sobre a condição humana, as nossas aspirações, medos e expectativas, assim como as formas de lutar contra tudo que nos apavora. Por outro lado, a filosofia não deixa de ser um exercício.

Este livro é um convite para que possamos, em sintonia com mitos e filosofias, lidar com a dor de perder algo ou alguém sem nos perdermos de nós mesmos.

CAPÍTULO 1

Os mitos da morte e da modernidade

A GUERRA DE TROIA durou dez anos. O estopim desse intenso conflito foi o suposto rapto de Helena por Páris, príncipe troiano. Embora os gregos acreditassem que ela havia sido raptada, a deusa do amor, Afrodite, havia usado seus poderes para fazer com que ela caísse de amores pelo rapaz de Troia.

Alheio a isso, Menelau, marido de Helena e rei de Esparta, tomou o ato do príncipe troiano como uma ofensa de morte e convocou todos os reinos da Grécia para a batalha. Iniciava-se assim uma das guerras mais famosas da história. Ulisses, rei de Ítaca, que foi guerrear a contragosto, se cansou de passar tanto tempo fora de casa e, percebendo a provável derrota, criou uma estratégia que encurtaria o conflito e poderia trazer a vitória aos gregos.

Ele convenceu os outros reis a fingirem aceitar a derrota, enviando um presente para os troianos em nome da Grécia. Era um cavalo de madeira tão grande quanto um navio, prontamente aceito pelos troianos que, felizes, comemoraram a presumida vitória. Como se sabe, o cavalo estava cheio de soldados gregos que atacaram na calada da noite, garantindo a derrota de Troia.

Após a vitória grega, Ulisses, quando retornava para casa saudoso de Penélope, acabou entrando em confronto com um Ciclope chamado Polifemo, deixando-o cego. Como vingança, Poseidon, pai de Polifemo e deus grego dos oceanos, impediu que Ulisses conseguisse navegar de volta para Ítaca.

Num dado momento, em que o navio de Ulisses estava prestes a passar por uma área povoada por sereias, o engenhoso rei de Ítaca ordenou que seus homens enchessem as orelhas com cera de abelha, o que os impediria de escutar os sons. Ele próprio, por sua vez, foi amarrado ao mastro do navio. Assim, quando passaram pela perigosa região, os marinheiros não escutaram os belos cantos, e Ulisses, apesar de ouvir e sentir vontade de mergulhar, não o fez por estar amarrado. Desse modo, eles evitaram que as sereias os devorassem ou os transformassem em animais dóceis.

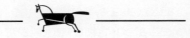

O que é o luto

A passagem anterior nos servirá de auxílio para o que será discutido nas páginas que se seguem. Pois bem, antes de entrarmos no luto propriamente dito, precisamos fazer um breve caminho que nos ajude a compreender por que temos tanta dificuldade em lidar com qualquer perda na modernidade. Uma das interpretações mais recorrentes para a aventura de Ulisses é que esse mito representa a humanidade no mundo atual. O ser humano moderno consegue ultrapassar os limites da natureza, estabelecendo um tipo de estratégia de autoconservação que o faz evitar o mergulho em afetos que oferecem perigos e riscos variados.

Os filósofos Theodor Adorno e Max Horkheimer trataram disso no livro *Dialética do esclarecimento*, no qual analisaram as raízes da ruína do projeto do iluminismo. A pergunta que dá embasamento à pesquisa dos alemães tem como intuito responder por que, mesmo confiando na razão, a humanidade não cumpriu os objetivos de tornar as pessoas livres em uma sociedade emancipada.

A crítica filosófica aponta que o progresso e o avanço tecnológico não são sinônimos de bem-estar. Vivemos em um mundo com inúmeros avanços tecnológicos e marcado por uma hiperconectividade virtual. Isso, no entanto, não trouxe todos os benefícios que a sociedade acreditava ao perceber os progressos na área da ciência e da tecnologia.

E o que dizer quando o assunto é o luto? Um dos princípios básicos da modernidade é o de explicar e organizar as coisas para, assim, poder controlá-las. Estudamos a natureza a fim de poder dominá-la, assim como foi o conhecimento dos poderes das sereias que fez com que Ulisses conseguisse passar por elas. Mas, ao agirmos de tal forma, por vezes deixamos de enfrentar algumas emoções necessárias. À medida que Ulisses escapa das sereias, ele perde a experiência de se conectar com as suas emoções. Para lidarmos de forma efetiva com o luto, precisamos fazer o que Ulisses não se permitiu fazer e mergulhar, deixando as canções das sereias nos encantarem.

De modo geral, as pessoas assumem basicamente dois papéis na sociedade contemporânea: espectadoras e consumidoras. Toda a realidade parece se transformar em um showmício demarcado pelos contornos de um charlatanismo tácito, a vida parece caminhar na trilha sonora do marketing abusivo e ilimitado.

É como se o mercado vendesse água de torneira como um elixir da imortalidade. Nesse mundo, tudo se torna um espetáculo ou produto, inclusive as pessoas. Em um universo de constelações de "espetáculos-produtos", as relações se tornam mercadorias e as pessoas viram coisas com lugares demarcados em prateleiras. Em um contexto de hipermodernidade, no qual o consumo orienta todas as dimensões da vida e o nosso valor está no poder de gerar lucro, é possível equiparar a perda de alguém que amamos com a falta de um objeto? A morte de uma pessoa querida esfrega em nossa consciência a dura realidade de que a vida não tem preço e nem valor de uso.

A vida atual em muito se assemelha a uma narrativa criada em redes sociais a fim de enfatizar a alegria e o

O que é o luto

sucesso, com as curtidas se tornando a medida chave da felicidade. A premissa dessas redes é que a qualidade do conteúdo é medida pela quantidade de interações positivas geradas. E assim também medimos nosso valor. Mas, por mais que a sociedade indique o contrário, nossa vida interior e nossas emoções não podem ser transformadas em espetáculo. Não são como um troféu a ser colocado em uma prateleira.

Ao entendermos que há uma série de fenômenos que não podem ser transformados em produtos, começamos a nossa jornada em busca da compreensão dos efeitos de se separar ou de perder alguém.

Existem pesquisas que apontam qual o tipo de abordagem que interessa mais às pessoas de acordo com seu contexto e, assim, pode-se ter maior consciência do tipo de experiência a que tais abordagens se referem. O luto faz parte das experiências que precisam de cuidado. Numa estrutura concebida para medir as interações apenas por meio de sinais positivos e negativos, é difícil perceber que há experiências que não podem ser colocadas na vitrine. E isso nos leva de volta à pergunta inicial: como tratar do luto em um mundo onde as pessoas são basicamente espectadoras e consumidoras?

Vamos tratar da condição da vida humana espectadora e da consumidora. Quando o ser humano passa a ser definido como quem assiste a espetáculos e consome coisas, falamos de um mundo que pode ser decifrado pela neuroeconomia[1], uma área multidisciplinar que estuda como tomamos nossas decisões. A liberdade, então, se transforma em uma espécie de controle remoto no qual podemos zapear as possibilidades que nos são oferecidas dentre uma lista de opções com preços.

O filósofo camaronês Achille Mbembe usa uma expressão que é muito eficaz na compreensão do cenário atual. Ele menciona o "sujeito neuroeconômico". Trata-se de um indivíduo aprisionado no seu desejo, cuja satisfação depende de apresentar sua vida, incluindo os aspectos mais íntimos, como um produto com alto valor de mercado. O sujeito neuroeconômico se comporta de duas maneiras: como animal e como coisa.

Isso significa dizer que, por um lado, persegue seus desejos mais primários a fim de satisfazer necessidades como a fome e a sede e saciar todos os prazeres sensuais possíveis. Por outro, torna-se uma coisa, uma pessoa-máquina que instrumentaliza a si mesma, explorando-se de forma supostamente voluntária para que possa receber o suficiente para satisfazer os seus desejos.

Entramos em um círculo vicioso, no qual se busca a satisfação acima de tudo, o que somente se torna possível através de uma atitude que nos empurra para a autoexploração incansável. Nesse contexto, as derrotas

---

[1] A neuroeconomia é um campo interdisciplinar que envolve a economia comportamental, a psicologia cognitiva e a neurociência cognitiva para analisar as probabilidades do que leva alguém a escolher um produto ou apresentar um comportamento de risco. A neuroeconomia pode interpretar o ser humano como exclusivamente consumidor, mapeando as interações entre nossa neurobiologia, cultura e sociedade.

O que é o luto

se tornam insuportáveis, as perdas são motivos de vergonha e a pressão social diz que a dignidade humana pertence apenas às pessoas vitoriosas.

As fronteiras entre público e privado parecem borradas e de difícil percepção. Essa falta de limite, como é de se esperar, vem com riscos próprios, como não conseguir perceber até onde vai o nosso desejo ou, até mesmo, quando ele é, de fato, nosso. A abolição de passaportes para transitar entre esses mundos pode ser devastadora.

A vida íntima passa a ser exposta como se fosse uma coisa pública. As redes sociais aplaudem a vida das celebridades e tudo corre bem desde que estejamos sorrindo e felizes nas fotografias. E se tudo o que publicamos são momentos bonitos, repletos de sorrisos e em paisagens paradisíacas, como agir quando o lado sombrio da vida nos convida a refletir e viver momentos de tristeza? Embarcamos em uma busca insaciável pela alegria e somente esse sentimento parece valer a pena. A tristeza, o pesar e o choro parecem doenças contagiosas terríveis das quais devemos nos proteger a qualquer custo.

Você provavelmente já deve ter ouvido falar em positividade tóxica. Em um mundo onde se permitir sentir tristeza parece cada vez mais impróprio, o luto se torna cada vez mais difícil. Vale a pena lembrar que as redes sociais podem ser definidas como um território de liberdade e comunicação ilimitadas, no qual as pessoas se revelam e expõem sua vida íntima de modo voluntário. O filósofo sul-coreano Byung-Chul Han denomina isso de "ditadura da transparência", um uso intensivo da liberdade e da comunicação que se transformam em um sistema de controle, porque quanto mais nos expomos, mais passíveis de monitoramento nos tornamos.

Uma pessoa hiperexposta gera cada vez mais expectativas na plateia que assiste a ela. Espera-se sempre mais novidades. E, quando a pessoa deixa de se expor, é censurada de modo direto ou indireto. Nessa ditadura da transparência, a vida íntima fica exposta na prateleira e não resta nada além de se mostrar. O espaço privado deixa de existir.

Entretanto, o público espera somente alegria, sucesso, festa e positividade. É como se as pessoas fossem "desinteriorizadas". A positividade tóxica impõe esse otimismo sem fim e a negação de emoções vistas como ruins. Torna-se proibido ficar triste, sentir raiva ou se irritar com as adversidades.

A positividade tóxica é um tipo de crença que aposta que estar sempre feliz é a melhor maneira de levar a vida. Trata-se de um esforço constante para não sofrer, para esquecer o que é ruim, afogando as mágoas sob ondas enormes de alegria. Ora, basta checar alguns estudos filosóficos e pesquisas na área da neurociência para chegarmos à conclusão de que a tristeza faz parte da vida. Não podemos estar alegres o tempo todo.

Esse tipo de positividade arma-se de uma fantasia perigosa de que, para que a vida seja boa, é necessário evitar as frustrações e agir sempre de modo positivo, mesmo perante as maiores adversidades. E, assim, retiramos o direito de nos sentirmos tristes.

Estudos da neurociência afirmam que possuímos seis emoções básicas: alegria, tristeza, nojo, raiva, medo e surpresa. São emoções comuns que fazem parte da vivência de todas as pessoas. A positividade tóxica, entretanto, nos pressiona a assumir uma fantasia que remove as emoções negativas, como medo, raiva e nojo. E quando passamos por um processo de luto, isso se torna ainda mais prejudicial.

Perder alguém que amamos é um tipo de trauma, isto é, um acontecimento que nos deixa sem saber como reagir, destacando nossa impotência ou impossibilidade de responder às circunstâncias de uma maneira satisfatória. Perder uma pessoa amada é um choque que nos desorganiza. Muitas vezes as pessoas são levadas a supor que a tristeza é uma emoção negativa, por isso, procuram evitá-la.

No entanto, somente uma pessoa desconectada das próprias emoções poderia dizer que nada a abala ou que sente alegria o tempo todo. Se o luto é a perda de uma conexão afetiva com alguém, um projeto, um objeto, ou qualquer outra coisa de valor, conecta-se automaticamente com emoções consideradas negativas. O luto está ligado à tristeza. Ao assumir a ditadura da transparência e a positividade tóxica, uma pessoa tem muitas chances de viver um luto complicado ou não vivê-lo.

No livro *Em louvor da sombra*, o pensador japonês Junichiro Tanizaki argumenta que não devemos lançar luz sobre tudo. Existem muitas coisas que só podem ser devidamente valorizadas e fazer sentido sob as sombras, pois elas nos ajudam a valorizar o que está sob as luzes e, em certa medida, também valorizam a nossa interioridade.

Tanizaki afirma que os orientais costumam buscar satisfação no ambiente em que estão. Ao invés de se queixarem do escuro, resignam-se como algo inevitável. Um simples exemplo dado pelo autor é o de observar a lua. Fazê-lo sem interferência de luzes artificiais é bem mais bonito, pois o escuro ressalta a beleza das coisas.

Recusar as sombras e a escuridão por taxá-las como coisas negativas é uma insensatez, porque nos faz lidar com a realidade de modo parcial. É uma espécie de imaturidade afetiva. Portanto, diante de uma perda, não deveríamos tentar superar a circunstância a qualquer custo ou tentar encontrar uma saída mágica. Trata-se, talvez, do silêncio, meditação e recolhimento para viver e aceitar o que está acontecendo.

O que Tanizaki nos convida a pensar é que precisamos de um território íntimo, preservado. Eu interpreto que, além da importância estética, a beleza precisa de contornos. Existe uma relevância ética. Em outras palavras, precisamos avaliar a nossa maneira de agir conosco, perguntar se estamos cientes de que aquilo que sentimos é uma postura ética. Nós necessitamos de momentos íntimos. O luto é um processo que afeta tanto a intimidade quanto a vida pública. Perder uma pessoa amada, alguém próximo e que tinha um lugar especial na vida impõe uma ausência permanente.

O que é o luto

Pois bem, precisamos reconhecer que a morte é um grande tabu. Se não temos maturidade emocional para lidar com ela, o mesmo ocorrerá com o luto. Evitamos tais assuntos. A relação que a sociedade ocidental tem com a morte reflete na perspectiva sobre o luto. No contexto da cultura ocidental contemporânea, a morte permanece como assunto a ser evitado a todo custo e sobre o qual não se debate com naturalidade, ainda que saibamos que ela é inevitável, pois é vista como um limite. E o luto decorre dessa realidade insuperável.

A ideologia dominante incentiva-nos a desafiar todos os limites. A partida definitiva não faz parte da pauta das famílias na sala de jantar. As rodas de amigos também não tratam disso com naturalidade. A morte só é cogitada como pauta diante da sua eminência. Em casos bastante específicos, ela é debatida sob as luzes do constrangimento e da vergonha. O luto dificilmente é mencionado. Em definitivo, não temos maturidade para fazer essa discussão com a qualificação e responsabilidade que ela nos exige.

A maturidade pode ser entendida como o alinhamento entre o que nós pensamos, as nossas emoções, os nossos sentimentos e as nossas atitudes. Maturidade é um estado de conexão afetiva.

O *Manual diagnóstico e estatístico de transtornos mentais* (DSM-5), publicado em 18 de maio de 2013, faz mais de 130 referências ao luto, que aparece na chamada "Bíblia da psiquiatria" como uma doença, sob designação de Transtorno do Luto Complexo

Persistente. Na primeira edição do DSM, o luto não era percebido como uma patologia. O que mudou de 1952 até 2013? Por que o luto, um fenômeno natural, foi transformado em um transtorno passível de medicalização?

Neste ponto, vale a pena voltarmos ao conceito de maturidade. Em uma sociedade do hiperconsumo, da exploração levada ao extremo e da suposição de que apenas algumas emoções e sentimentos são nobres, não existe maturidade para lidarmos com a morte e, por conseguinte, com o luto.

Lidamos com a morte nas novelas, nos filmes de ação, nos jogos de videogame. Mas não falamos sobre ela no nosso dia a dia. A falta de maturidade para lidar com uma certeza inabalável da condição humana transforma tudo o que nos é "insuportável" em doença.

O DSM-1, de 1952, tinha 106 categorias de transtornos em 130 páginas. Em 2013, a quinta edição chegou a trezentas. Porém ainda é pouco, se compararmos o DSM-5 com a Classificação Internacional de Doenças (CID-11) de 2022, que tem mais de 55 mil classificações.

Sem dúvida a CID-11, organizada pela Organização Mundial da Saúde (OMS), não se refere apenas aos transtornos do campo *psi* – psiquiatria, psicologia e psicanálise. Na CID-11 encontramos o Transtorno do Luto Prolongado. E, como foi dito acima, no DSM-5 encontramos o Transtorno do Luto Complexo Persistente. Por que o luto é tratado como uma doença e em que circunstâncias? Para além dessa reflexão,

O que é o luto

proponho mais uma pergunta: qual a relação entre maturidade e luto?

Friso que a maturidade é uma condição, ou, em outras palavras, um estado que desfrutamos quando pensar, sentir e agir estão em consonância, um momento de coerência afetivo-performática. Assim, não existe divergência ou desacordo entre o que sentimos, pensamos e fazemos.

O luto é uma condição natural e a maturidade é um recurso muito importante para vivenciá-lo, mas temos um problema estrutural: a imaturidade com que nossa sociedade lida com a morte dificulta que possamos viver o luto como uma experiência triste e natural. Essa imaturidade afetiva faz com que tenhamos dificuldade de reconhecer nossos limites e de experimentar o medo, a raiva e a tristeza como emoções naturais.

Não quero dizer que a maturidade afetiva é como uma chave mágica que, diante da perda de uma pessoa amada, nos capacitaria a experimentar esse processo de enlutamento sem dificuldades. Porém, ela nos convida a evitar o recalque das nossas emoções e dos nossos sentimentos, nos ajudando a não perder de vista a necessidade de conexão conosco.

Diante do luto, as dificuldades são muitas. O que a sociedade valoriza diz respeito à alegria, ao poder de conquistar e ter uma vida que esteja editada dentro do ritmo do que se supõe ser a felicidade. Em uma cultura em que a vitória deve ser buscada a qualquer custo, o que dizer da morte? Ora, a morte é o símbolo supremo do fracasso.

Em muitas tradições religiosas, a vida eterna é um dos postulados estruturais. Não custa repetir: a morte é a maior de todas as rivais. Por isso, lidamos com ela como algo de que devemos fugir e evitar a qualquer custo, por mais que saibamos que é uma realidade inevitável. Tudo que nasce, morre.

A filosofia epicurista ensina uma fórmula bem simples que diz que a finalidade da vida está na busca pelos prazeres, afastando-se e evitando os sofrimentos. A morte de uma pessoa querida nos conecta com a tristeza e com o sofrimento. De modo espontâneo, ou ainda, de acordo com a natureza humana, a última coisa que desejamos é sofrer.

Ainda que seja em um cenário masoquista ou em uma situação de autoextermínio, os objetivos são encontrar o prazer através da dor, no caso do masoquismo, ou encontrar um estado em que o sofrimento insuportável desapareça. Pois bem, se tudo que queremos é evitar o sofrimento, a morte de uma pessoa da nossa rede de afetos impõe um período de tristeza e dores, o luto. No interior do modelo de ser humano moderno encarnado pelo mito de Ulisses, existe uma dificuldade significativa para que possamos enfrentar o sofrimento.

Diante de todos os obstáculos, Ulisses demonstra uma confiança tão poderosa em sua própria razão que entendemos que ele praticamente desconhece o sentimento de insegurança. Ulisses caminha para reencontrar Penélope com o sentimento de que tudo vai dar certo. O filósofo alemão Theodor Adorno define Ulisses como o retrato do ser humano burguês, astuto

O que é o luto

e que consegue alcançar seus objetivos, utilizando o esclarecimento e enfrentando a natureza por meio de ações conscientes. A subjetividade moderna aposta na racionalidade, reprimindo desejos e impulsos. A vitória sobre os desafios da vida passa pela renúncia à natureza em prol dos poderes da cultura. Ulisses é o símbolo da renúncia a si mesmo. Ele abdicou dos sentimentos para poder ter controle sobre a vida. Ora, a morte e o processo do luto escapam de qualquer controle. Daí surge a tensão entre o desejo de controlar as coisas que caracteriza o sujeito contemporâneo e a impossibilidade de dominar os sentimentos diante de situações limites, como a morte e o luto.

A tristeza e o sofrimento fogem ao nosso domínio, e tudo que queremos é controlar as circunstâncias. A morte desloca a nossa pretensão de controle e o luto nos convoca para uma conexão com o nosso desamparo. A racionalidade não consegue solucionar o caráter inexorável da morte. Daí, como nos diz Byung-Chul Han, vivemos em um estado de algofobia, isto é, o medo mórbido das dores, da melancolia, da tristeza e do sofrimento. Nós fazemos de tudo para não experimentar o sofrimento, o que é impossível. Não podemos escolher as emoções e os sentimentos.

Nas obras *Luto e melancolia* e *Sobre a transitoriedade*, Sigmund Freud argumenta que o luto não é algo espontâneo, automático e natural. O luto é um processo. Para Freud, a melancolia é um estado de ânimo doloroso caracterizada pela perda da capacidade de amar, autodepreciação e incapacidade de executar tarefas. A melancolia é a incapacidade de viver o luto, fazendo com que o interesse pelo mundo desapareça.

O mito de Ulisses pode ser interpretado como o poder de resistir à natureza, ou a habilidade de se organizar para não se deixar arrastar pelos sentimentos profundos que põem a estabilidade da vida em risco, por manter-se fiel aos seus princípios.

Ora, por que não podemos ter algum controle dos nossos sentimentos? Porque a ânsia por essa dominação acaba por nos desconectar daquilo que sentimos, criando a fantasia de que podemos controlar tudo que acontece.

Analisando o mito que dá tema a esse capítulo sob esse prisma, podemos entender que as sereias e o mar na história de Ulisses representam os nossos medos. As sereias encarnam mistérios de uma concepção de feminino em que a intensidade do desejo é do mesmo grau que a força do medo. A água remete às emoções e aos sentimentos, ambos dimensões nebulosas de afetos, já que não sabemos a profundidade do mar.

No ocidente, a astúcia de Ulisses ao não se entregar estaria ligada à superação dos desafios da natureza. A *Odisseia,* por essa interpretação, precisa ser reescrita com uma cena em que Ulisses e os marujos se entreguem às sereias, como deveríamos fazer diante da morte de um ente querido ou de uma pessoa amiga.

O luto nos impõe o reconhecimento da fraqueza e que nos permitamos assumir sentimentos como a tristeza e o medo. Devemos viver a experiência do luto assim como Ulisses deveria se entregar às sereias. A fuga, em ambos os casos, evita aquilo que nos torna humanos.

A natureza humana não é feita somente de momentos felizes, e, para sermos por inteiro, precisamos vivenciar todos os seus sabores, desde os mais doces aos mais amargos.

Uma boa maneira de passar por um período significativo de perda de algo que nos é importante é mergulhando no mar de afetos que esse momento impõe, contando com redes de apoio e encarando a tristeza e o medo sem vergonha de estar vulnerável. Não se trata de ter o controle, mas de se permitir a conexão com os afetos que desabrocham, assumindo o medo, a tristeza, o arrependimento, as memórias alegres e todas as emoções e sentimentos que surgem.

Ficamos perdidos diante do luto porque não nos permitimos senti-lo em sua totalidade. Ao fazê-lo, não estamos renunciando à busca pela felicidade, mas nos permitindo vivenciar a vida por completo, entendendo seus processos e absorvendo cada momento. Estamos nos fortalecendo. Não devemos nos enganar na busca de uma vida sem sombras.

CAPÍTULO 2

Em busca do grão de mostarda: uma tese budista sobre a morte e o luto

HÁ MUITO TEMPO, UMA jovem mulher chamada Krisha Gotami engravidou e deu à luz um menino, que faleceu pouco tempo depois. Desesperada, ela carregava o filho morto em seu colo, implorando a qualquer pessoa que passasse que lhe desse remédios. Ao perceberem que a criança estava morta, muitas pessoas julgavam-na louca. Em suas andanças, alguém disse que só havia um homem que poderia resolver o seu problema.

— Eu não sei o remédio que pode curar o seu filho, mas o mestre sabe.

Ela foi até o mestre e implorou por um remédio que pudesse curar seu filho e trazê-lo de volta à vida. Ele a informou que ela deveria trazer-lhe um grão de mostarda branca.

— O único detalhe — disse ele — é que esse grão deve vir de uma casa em que ninguém tenha perdido um filho, uma filha, alguém da família ou qualquer pessoa querida.

Ela seguiu, aceitou a instrução e começou a bater de porta em porta. Quando recebeu o grão de mostarda pela primeira vez, percebeu que havia se esquecido de perguntar se o homem já tinha perdido alguém importante em sua vida.

— O senhor já perdeu alguém em sua família? Ou perdeu um amigo?

— Sim.

Devolvendo o grão, Krisha Gotami seguiu seu caminho e continuou pedindo de casa em casa. A jovem mãe andou durante o dia inteiro por vários vilarejos e bateu em inúmeras portas, sem obter sucesso em sua missão. De repente, ela mudou o sentido da caminhada e decidiu-se por preparar o funeral do filho falecido. Em seguida, ela voltou ao encontro do mestre e ouviu a pergunta com atenção.

— Você encontrou o que eu pedi?

— Mestre, em cada vilarejo havia mais mortos do que gente viva.

Logo em seguida, o mestre proferiu um ensinamento que conduziu Krisha Gotami a libertar-se das ilusões. O Buda disse:

O que é o luto

— Tudo que nasce, morre, e não devemos nos lamentar.

A mensagem fundamental revelada pela experiência de Krisha Gotami com o mestre, Buda Sakyamuni, é a consciência da realidade. A jovem não havia se conformado com a morte do filho, mas, ao tomar consciência do que acontecia à sua volta, pôde entender que não teria como lutar contra a realidade. O amor que sentia pelo filho e a dor de sua perda a fizeram desejar um acontecimento sobrenatural, contrário à lógica da natureza. O Buda ensinou-lhe que não devemos deixar que a nossa mente atrapalhe nossa existência.

A mente é um dos objetos de estudo do budismo. Mas é importante saber que existem muitas escolas budistas, e as formas de nomear as diversas tradições podem mudar de acordo com a escola. Duas grandes escolas são a Hinayana e Mahayana, conhecidas como pequeno veículo e grande veículo, cada uma com suas subdivisões. Podemos falar também do budismo Theravada e do budismo Vajrayana, que surgiu a partir da escola Mahayana.

De acordo com o mestre ordenado no budismo tibetano, o Lama Michel Rinpoche, diz-se frequentemente na Índia que existem tantas tradições quanto mestres. Não cabe a nós definirmos o que é mais característico em cada conjunto de escolas, mas sim tratar de alguns eixos e princípios que podem nos ajudar a fazer uma leitura mais adequada da realidade para encontrarmos subsídios ao fenômeno do luto.

Não há melhor forma de começarmos a analisar isso do que por uma canção. Na letra de "Como uma onda", de Lulu Santos e Nelson Motta, lançada no disco *O ritmo do momento*, no ano de 1983, há uma frase simples: "Tudo passa, tudo sempre passará". Esse trecho resume um dos eixos mais fundamentais do budismo: a impermanência.

No budismo, somos convidados para meditar a respeito da mudança constante de tudo e reconhecer o caráter transitório da vida. É um lembrete sobre como as coisas mudam e continuam se transformando ao longo da nossa vida. Um casal que esteja junto há vinte anos fracassa quando fica preso ao passado, quando eram pessoas apaixonadas e que se encantavam mutuamente com todas as novidades que surgiam.

Nada é para sempre e não há problema algum nisso. Toda a realidade, desde os eventos cósmicos até os elementos microscópicos e imperceptíveis, está sujeita à mudança que, por vezes, significa decadência e desaparecimento.

O nosso corpo físico e os objetos mudam, as emoções se transformam conforme os acontecimentos, assim como nossos desejos e intenções não se mantêm do mesmo modo o tempo todo. Pela mesma razão, a instabilidade da realidade é inevitável. O caráter transitório das coisas é a fonte de um impasse. Depositamos nossa felicidade em coisas que não são estáveis. Perder algo que é fonte da nossa alegria e satisfação é um duro golpe que nos faz lembrar de que nada é para sempre.

O budismo nos ajuda a compreender que, por conta da ilusão da nossa mente, insistimos em não admitir que tudo está mudando e ficamos presos ao passado e/ou ansiosos pelo futuro. Mas, afinal, como diz a música mencionada, "nada do que foi será de novo do jeito que já foi um dia". Sem dúvida, ao desenvolver hábitos, nos aproximamos das coisas que nos proporcionam prazer e nos afastamos daquilo que causa dor e sofrimento, como o luto, tão intrinsecamente ligado à perda.

Por vezes, basta pensarmos nessa perda para sermos acometidos pelo medo, tristeza e ansiedade. Muitas vezes, perder algo ou alguém implica em muito sofrimento. E é aqui que encontramos o segundo eixo do budismo: o sofrimento. Ou ainda, a insatisfação.

O budismo tem o sofrimento como uma das suas questões-chave. Como vimos, a dinâmica mais frequente da vida é a busca pelo prazer e a fuga da dor. Nós sofremos porque queremos imortalizar os bons momentos como se fossem fotos. Desejamos porque sentimos falta de alguma coisa, seja por vontade ou necessidade. Uma promoção no trabalho significa mais prestígio e mais dinheiro, por exemplo.

Porém, nos enganamos ao achar que, quando obtivermos o objeto de nosso desejo, estaremos saciados.

Com o passar do tempo, o que nos satisfazia se torna insuficiente e passamos a buscar por mais.

Imagine uma pessoa que deseja uma promoção no trabalho. Ela se dedica àquilo que faz e procura demonstrar por que é merecedora daquele cargo. Quando o obtém, fica contente e satisfeita, orgulhosa de seu feito. Essa sensação, entretanto, não durará muito tempo e, em breve, ela estará à procura de uma nova promoção.

Um desejo satisfeito nos lança em um novo desejo. De certa forma, o desejo é a fonte de dores e angústias porque quando não é satisfeito só nos resta lamentar o insucesso. Os desejos estão ligados à falta. Nós queremos mais e mais.

O nosso ego precisa de mais coisas para se sentir contente. Nunca é o suficiente. Estamos em constante transformação e as coisas que antes nos satisfaziam logo perdem seu poder. É a insatisfação crônica que nos domina e faz com que, em um curto espaço de tempo, olhemos por um prisma diferente aquilo que, pouco tempo atrás, era nosso objetivo ou desejo.

De acordo com o budismo, não há um eu único, uma vez que estamos em constante transformação. Ainda que na certidão de nascimento o nome seja o mesmo, a senhora que sopra as velas para comemorar seu centenário não é a mesma que era cem anos atrás, quando nasceu. E não precisamos de exemplos tão extremos. Não somos os mesmos que éramos alguns anos atrás.

Em outras palavras, nós não podemos nos identificar com os nossos pensamentos. Não somos o que

O que é o luto

pensamos. Porque mesmo que nosso pensamento seja real, ele não é necessariamente verídico.

Por exemplo, imagine que, ao visitar a casa onde morou a infância inteira, uma pessoa tenha uma lembrança triste do passado. Ela pode sentir medo, ansiedade ou pavor ao recordar uma discussão entre os pais, tendo a consciência de que o desfecho foi um divórcio que lhe custou muito emocionalmente.

Ainda que o sentimento seja real, o acontecimento está presente somente na mente de quem sofre. É um tipo de fixação que nos impede de estarmos integralmente no aqui e agora. Como diz uma bela canção de Gilberto Gil, "Aqui e agora", presente no álbum *Refavela*, lançado em 1977, "o melhor lugar do mundo é aqui e agora".

Buda ensina que duas faculdades muito importantes para o ser humano podem ser nossas piores inimigas. As faculdades mentais da memória e da imaginação são muito importantes. Mas assumir o passado através da memória ou estar sempre se vinculando ao futuro por meio da imaginação traz muitos riscos. Se vivermos só lembrando de coisas ruins, estaremos fadados ao sofrimento. Mas, se lembrarmos somente de coisas boas, o mesmo ocorrerá, porque essas lembranças estarão no passado e seremos dominados pelo desejo de vivenciá-las novamente.

Se nossa imaginação projeta situações desagradáveis para o nosso futuro, a ansiedade, medo e até desespero podem ser sentimentos constantes. Se usarmos nossa imaginação para pintar um futuro lindo, maravilhoso e cheio de sucesso, podemos aumentar nossa ansiedade e perder de vista os caminhos possíveis no presente para chegar até onde gostaríamos.

É um engano supor que Buda está propondo a eliminação da memória e o fim da imaginação. Não é proibido sentir saudade da pessoa que perdemos, não é errado projetar um futuro no qual possamos ser mais felizes. O problema está em como tais faculdades são capazes de nos pregar peças que tornam a vida um poço de insatisfação.

Durante o processo do luto, uma pessoa pode olhar para trás e se arrepender de coisas que fez ou que deixou de fazer. Uma pessoa pode lembrar de uma oportunidade perdida de ir ao teatro com o pai falecido, outra pode observar o passado com culpa ou remorso. Alguém que deixou para trás um relacionamento pode projetar tudo o que poderia estar vivendo com o outro e, inclusive, pensar que ela não teria morrido se estivesse ao seu lado.

A filosofia budista entende que o ego é uma maneira da mente nos trazer muitos transtornos. O apego está ligado ao ego e, sob essa perspectiva, nossa leitura da realidade é sempre feita em função de nós mesmos. Tudo se torna sobre o nosso ego. É como se a morte da esposa fosse um golpe contra o marido, ele se sente abandonado, pergunta-se por que ela fez isso com ele.

Essa é uma interpretação do ego que está deixando a memória e a imaginação se sobreporem ao instante vivido. O sentimento de tristeza também está conectado ao ego. Quando perdemos alguém que amamos,

O que é o luto

nossa tristeza provém da avaliação do que se foi. Dessa forma, estamos no centro da situação, tal como se fôssemos uma estrela rodeada de planetas e satélites. O budismo ensina que os fenômenos não existem em função da gente. Projetar-se para além do presente nos traz uma pergunta: "o que eu estou perdendo?"; traz afirmações desesperadas: "eu não posso te perder". Muitas vezes, pensamos que, se tivéssemos agido de outro modo, poderíamos evitar tal perda. Mas não conseguimos mudar as circunstâncias naturais da vida. Não há nada que possamos fazer além de modificar a nossa percepção da realidade. Isso passa, invariavelmente, por não se deixar levar por ideias de coisas que se foram ou que não sabemos se virão. É preciso discernimento para encontrar a realidade e não se perder em meio a fantasias que só irão aumentar o sofrimento.

Uma lição budista importante é a plena atenção. O discernimento se dá quando não nos deixamos levar pelo que foi ou pelo que será. Sem perceber o que está acontecendo, não podemos tomar uma boa decisão. Para isso, precisamos viver o *instante-já*: não devemos perder conexão com o tempo presente. O eu do passado só existe na memória e o eu do futuro é um projeto ou um medo que habita a imaginação.

Muitas tradições religiosas falam de uma alma imortal, seja conquistando um paraíso ou reencarnando sucessivas vezes. Nessas tradições, a alma permanece a mesma. No budismo não faz sentido falar de uma substância que permanece idêntica a si mesma. Ao invés disso, um dos pilares dos ensinamentos de Buda está justamente na insubstancialidade, ou ainda, impessoalidade. Ou seja, a ausência de um eu independente. Os ensinamentos de Buda questionam a hipótese de uma alma que sobrevive ao tempo.

Pois bem, os três pilares do budismo são: impermanência, insatisfação e impessoalidade. Ou seja, nada é para sempre, as pessoas parecem nunca estar suficientemente satisfeitas e o nosso "eu" não passa de uma ilusão. A vida por esse prisma nos ajuda a compreender as chamadas quatro nobres verdades. Em termos budistas, nós podemos falar que existem quatro percepções fundamentais da realidade, que podem ser abordadas por meio das seguintes perguntas: o que é o sofrimento? Quais as causas do sofrimento? Como cessar o sofrimento? Qual o caminho para acabar com o sofrimento?

Sidarta Gautama, o Buda Sakyamuni, nos ajuda a compreender que a vida poderia ser resumida em evitar o sofrimento e buscar a felicidade. Essa busca incansável nos torna ainda mais insatisfeitos. Pois mesmo em uma realidade impermanente, desejamos que a felicidade esteja em algo estável. Se não podemos conter o tempo e impedir o fluxo das coisas, o que acreditamos ser a chave da felicidade não passa de uma ilusão.

É justamente diante da quarta nobre verdade, a pergunta a respeito do caminho para erradicar o sofrimento, que podemos encontrar uma pista para lidar com o luto. Ela implica em práticas, uma série de treinamentos para que possamos estabelecer uma forma de relação diferente com a realidade. O que inclui

O que é o luto

uma nova interpretação daquilo que julgamos ser real. E, talvez, seja esse conjunto de práticas que pode nos ajudar a experimentar o processo do luto sem entrar em desespero, negação da realidade ou imobilidade. Nos ensinamentos budistas, encontramos o caminho de oito aspectos, estrada que pode nos auxiliar a resolver o nosso maior problema: a nossa mente.

Em que consiste o caminho de oito aspectos e como isso pode nos ajudar durante o luto?

Tudo começa com a percepção, a compreensão lúcida. Buda significa "desperto", e precisamos compreender com lucidez que a realidade é impermanente e nada que façamos vai ser capaz de manter os fenômenos imutáveis. Então, entendemos que a morte é inevitável e que tudo que começa, termina.

O segundo aspecto consiste em pensar com lucidez, o que significa não ficar disperso no passado e no futuro, buscando entender que a maioria das ideias não tem lastro na realidade. Nós devemos hospedar ideias lúcidas, que façam sentido.

O terceiro aspecto está em falar de modo lúcido, isto é, baseado no pensamento e na compreensão de que a realidade está sempre mudando. Portanto, podemos falar o que sentimos e o que pensamos a respeito da nossa perda sem ficar apegados às ilusões.

O quarto aspecto diz que devemos fazer o que precisa ser feito, ou seja, cuidar dos preparativos do funeral, nos alimentarmos bem, receber as pessoas que irão acompanhar a cerimônia. Agir com lucidez é fazer o que o momento pede, partindo da compreensão, do pensamento e da elaboração, que pode estar expressa em uma fala do que está acontecendo.

O quinto aspecto é ter um meio de vida lúcido, uma forma de garantir a subsistência que não provoque ilusões e sofrimentos. Ou seja, ter um trabalho que não machuque outras pessoas e não as coloque em risco de morte.

O sexto aspecto do caminho diz respeito ao esforço lúcido, isto é, manter o estado de serenidade diante dos desafios. Por exemplo, após uma morte e durante o luto, muitos problemas podem surgir, como a briga entre irmãos causada pela herança deixada pelo pai. O esforço lúcido consiste em ter serenidade quando os maiores problemas surgem. Ele está em não se deixar inflamar por uma briga ou disputa.

O sétimo aspecto do caminho de erradicação do sofrimento é a atenção desperta; ela indica que devemos evitar que a inveja, a raiva e a ignorância guiem nosso olhar sobre as coisas. Isso não significa que deixaremos de ter esses sentimentos, mas sim que passemos a observá-los sem nos confundirmos com eles. Por exemplo, se sentimos raiva de uma irmã que está criando empecilhos para que os bens deixados pelo nosso pai possam ser divididos equanimemente entre todas as pessoas herdeiras, vale a pena observar a raiva.

O oitavo aspecto é a concentração lúcida, que consiste em um estado meditativo. Meditar de forma

O que é o luto

a nos concentrarmos de fato em nossa mente implica não estar apegado nem com aversão. É estar diante dos pensamentos e dos sentimentos sem fixar-se em algum deles, sem o desejo de paralisar ou acelerar o tempo. Durante o processo do luto, concentração lúcida implica em não julgar as ideias e os sentimentos, mantendo uma relação de contemplação com os fenômenos mentais.

Esses oito aspectos do caminho de erradicação do sofrimento não ocorrem de modo seriado, estão todos enredados. Imaginemos a seguinte situação: duas irmãs e um irmão perderam o pai, um magnata da indústria de entretenimento; logo em seguida, uma das irmãs e o irmão começam a brigar pela fortuna que foi deixada, que consiste de uma série de propriedades, três empresas e investimentos financeiros. O luto é marcado por brigas e disputas judiciais. Uma das irmãs pratica o budismo e resolve implementar os oito aspectos do caminho de erradicação do sofrimento durante uma cerimônia religiosa após o funeral.

A irmã que deseja administrar as empresas (IE) diz, chorando desesperada:
— O papai morreu, ele deu o sangue pela família e só eu estava firme ao lado dele. Na semana que vem, eu pretendo assumir a presidência do grupo. Não podemos esperar. Isso é o que podemos fazer pela memória dele.
O irmão que deseja administrar as empresas (IR) responde, enxugando as lágrimas:

49

— Eu não estava trabalhando nas empresas este ano porque fui me preparar fora, fiz MBA, trabalhei em duas das maiores empresas dos Estados Unidos e voltei para ajudar a tocar os negócios da família. Antes do papai morrer, nós conversamos e ele estava pensando em me nomear como o seu sucessor.

— Mentira. Papai já tinha dito que eu era a pessoa certa para assumir. Você pode trabalhar comigo. Eu fiquei mais tempo no hospital ao lado dele — diz IE, ao que IR prontamente argumenta:

— É o contrário. Eu que fiz o contato com médicos para o tratamento. E o desejo dele era que eu assumisse tudo, pelo bem da família. É melhor a gente resolver logo, de comum acordo e sem advogado.

— Eu não tenho medo da justiça, eu sou advogada e sei que você não pode assumir.

— Você faz questão de pegar os negócios mesmo?

— Eu sei administrar, nunca quebrei uma empresa na minha vida! E, além disso, quanto tempo você demorou para visitar nosso pai no hospital?

— Eu nunca fraudei o balanço de uma empresa. Antes de morar fora, era eu quem vivia com papai. E se você tivesse me deixado cuidar de tudo desde o começo, eu traria os melhores especialistas e papai estaria vivo.

— Eu fiz tudo que eu podia. Onde você estava?

Então, a irmã budista (IB) intervém:

— Papai está morto, eu sinto saudades e sei que vocês também. Ele nos amava. Ele se foi e eu acho que é o momento de recebermos as pessoas que

O que é o luto

vieram nos abraçar. A respeito dos bens, nós podemos dividir tudo igualmente entre nós três, podemos todos trabalhar juntos. Alguém pode comprar a parte do outro. De todo modo, precisamos esperar e agora é hora de receber as palavras de familiares e amigos que nos amam e amavam nosso pai.

Diante de uma briga por herança, a irmã budista pretende organizar cada coisa a seu tempo, falando com lucidez. Os passos que se seguem servirão para situar a outra irmã e o irmão. Qual era o desejo do pai? O que é melhor para honrar a sua memória? A irmã budista compreende, pensa, fala, age, trabalha, se esforça, se mantém atenta e concentrada com lucidez. A lucidez é a maneira pela qual ela pode se manter livre da raiva, do apego, da aversão e das ilusões que estão gerando briga entre sua irmã e seu irmão.

A IE pensa que o pai tinha o IR como o filho preferido, enquanto ele sempre teve certeza de que a irmã era a escolhida pelo pai para assumir os negócios por ser mais amada. Dessa forma, o luto de IE e IR é bastante sofrido. IB pode ajudar a irmã e o irmão, recomendando que não se deixem levar pela memória que, junto com a imaginação, projeta coisas que aumentam o sofrimento. Uma conversa em família com uma declaração de amor do pai antes do momento de sua morte poderia ter ajudado a afastar o ciúmes e as inseguranças presentes na relação entre os irmãos.

Uma lição baseada no budismo durante a vivência do luto está justamente em ter plena atenção, convivendo com as memórias e a imaginação sem permitir que substituam a realidade. Quando uma lembrança ou uma ideia projetada no futuro se hospeda na nossa mente, precisamos observá-la sem nos confundirmos com ela.

A morte de uma pessoa amada ou a separação, contra nossa vontade, de alguém que amamos produz sofrimento. Portanto, a única questão que o budismo nos convoca a enfrentar diante do luto é a mesma que foi feita como chave desse sistema filosófico-religioso: o que fazer para erradicar o sofrimento?

A meditação é uma tecnologia existencial e psicológica que pode treinar a mente para lidar com a perda. Esse exercício pode funcionar como uma estratégia para trilhar o caminho de oito aspectos.

E, quando falamos de meditação, não vale aquela imagem estereotipada de uma monja sentada na posição de lótus por horas intermináveis e despertando, em quem a vê, a ideia de que em sua mente não tem nenhum pensamento. O propósito de meditar não é deixar de pensar e parar de sentir. Meditar diz respeito a não se apegar às ideias e às emoções. Mas, como tudo na vida, nos cabe observar a chegada e a partida das coisas. Muito longe de negar o que pensamos e o que sentimos, trata-se de contemplar como tudo é impermanente. Ao invés de desprezo e indiferença, isso pode nos dotar de um sentimento de gratidão pelos instantes que passamos na companhia das pessoas amadas, valorizando ainda mais tudo que desfrutamos no momento em que as coisas estão acontecendo. Por fim, meditação e gratidão são duas ferramentas que podem contribuir durante o processo do luto.

CAPÍTULO 3

A morte e o luto na África global: a história de Oyá Egun Nitá e o gurufim

NO REINO DE KETU existia um grande caçador chamado Odulecê. Ele treinou uma de suas filhas para ser uma guerreira desde criança. A menina Oyá se tornou uma mulher astuta na arte da guerra. Os inimigos diziam que ela chegava como brisa e no campo de batalha se transformava em tempestade.

Com o passar do tempo, ela venceu muitas guerras, deixando seu pai Odulecê muito orgulhoso. Desde criança, ela tinha dois sonhos: ser uma grande guerreira e se tornar mãe. Sempre pronta para guerrear, Oyá havia realizado um de seus sonhos.

Depois de muitas caçadas, a morte levou Odulecê. Oyá, triste, juntou todas as ferramentas do pai e preparou os seus pratos preferidos. Ela dançou e cantou e, no sétimo dia após a morte do pai, colocou todos os pertences dele ao pé de uma árvore gameleira. Olorum, deus supremo, observou a atitude de Oyá e permitiu que ela fosse abençoada em seu desejo de ser mãe. Ela deu à luz durante nove dias, a cada dia o parto de um filho diferente. Cada um de seus nove filhos representava uma etapa do processo de passagem do Aiê[2] para o Orun[3].

O seu primeiro filho foi levado pelas grandes senhoras mães da natureza. Esse filho se chamava Emalegan e foi criado pelas grandes senhoras, tornando-se o primeiro Egun – energia vital de uma pessoa falecida, simbolizando o poder sobre o vento. A primeira etapa do processo da morte, instantes antes de perder a vida.

O segundo filho de Oyá se chamava Yorugãn. Ele foi criado nas folhas da bananeira e muito amado por Oyá. É a segunda etapa do processo, o início do velório. Yorugãn simboliza a vaidade, o autocuidado de Oyá.

No terceiro dia de tempestade, com o céu iluminado e resplandecente, Oyá pariu Akugan, Egun que se alimenta de brotos e faz ruídos batendo os pés no chão, simbolizando o percurso até o cemitério, a rebeldia de Oyá.

---

[2] O nosso mundo.
[3] O mundo espiritual.

O que é o luto

No quarto dia de tempestade, a ansiosa Oyá trouxe Orugã ao mundo, Egun ilibado, criado no milharal e que representa a chegada até a porta do cemitério, remetendo ao aspecto rigoroso e sério do caráter de Oyá.

No quinto dia de tempestade, Oyá deu à luz Rungan, o Egun valente, que como primeira ação no mundo viu uma Iabá chamada Olosá fugindo de Ikú e a salvou. Rungan representa a coragem de Oyá e o caminho até a cova aberta.

No sexto dia de tempestade, nasceu Gyogan, que como primeira ação foi até Oxóssi, auxiliá-lo a cumprir a missão que lhe fora dada pelo rei de Ifé: caçar o pássaro Ororú. Gyogan se veste com o couro do búfalo de Oyá. Simboliza a descida até a sepultura e o caráter resolutivo de sua mãe.

No sétimo dia nasceu Ungã, Egun que cuida dos cemitérios e pune quem viola ou tripudia os túmulos, o lado sombrio de Oyá e que simboliza a ida propriamente dita para o Orun, a saída do Aiê.

Bungan, Egun nascido no oitavo dia e que representa o poder de destruição da tempestade, é o percurso do Aiê para o Orun. Bungan é capaz de deixar a sanidade humana em estado de suspensão.

A chegada ao Orun se dá no nono dia ininterrupto da tempestade, momento que Oyá dá à luz Segi, poder de estimular e induzir as pessoas a tomar caminhos.

Desde então, Oyá passou a ser chamada de Oyá Egunitá, a responsável por guiar, com auxílio de seus filhos, os mortos pelas nove etapas da morte.

Em 2017, vídeos em que homens levavam um caixão e dançavam circularam pelas redes sociais, rapidamente se transformando em meme. O vídeo registra um funeral em Gana. No Brasil, temos um ritual semelhante, o ocorrido no funeral de Cartola, Candeia, Jovelina Pérola Negra, Dona Ivone Lara, Beth Carvalho, João Nogueira e Tia Maria, dada pela presença do samba e da celebração, o conhecido gurufim, festejo feito para enganar a morte por meio da celebração com samba.

Esses costumes parecem estranhos para muitas pessoas. Como é possível dançar e celebrar durante um funeral ou enterro? Esse, entretanto, é um fenômeno que parece atravessar a África global.

Antes de prosseguir, penso ser natural que surjam duas perguntas: o que é África global? E quais os significados da morte e do luto na África global? Pois bem, baseado no que intelectuais de África debatem na coleção *História Geral da África*[4], podemos compreender a

---

[4] Intelectuais africanos como Joseph Ki-Zerbo, Amadou Hampâté Bâ e Amadou-Mahtar M'Bow articularam um projeto, com suporte da Organização das Nações Unidas para a Educação, a Ciência e a Cultura (Unesco), que trouxe ao público a coleção *História Geral da África*. No nono volume, encontramos a expressão "África global".

África global como a aproximação entre povos africanos e afrodescendentes em outras regiões do planeta. Temos o reconhecimento de uma herança comum, valores-chave que são compartilhados e extrapolam fronteiras. Em comparação, podemos pensar no conceito do ocidente que, não sendo um país ou um lugar, é tido como um complexo cultural com determinados valores que permitem o reconhecimento de modos específicos de se relacionar com o mundo.

África global não é o continente africano, nem o Brasil, onde habita a maior população negra fora de África. Ao usarmos esse termo, nos referimos aos diversos povos africanos, a cultura negra no Brasil, em Cuba, nos Estados Unidos da América, na Colômbia e em qualquer região habitada por afrodescendentes. Para estabelecer uma conversa a respeito da morte e do luto na África global, nós vamos retomar o ambiente cultural da história de Oyá Egunitá, passar pela África do oeste e visitar velórios em Gana e o fenômeno do gurufim no Brasil.

Na perspectiva iorubá, a morte não é sinônimo de extinção, mas uma mudança de categoria, saída do Aiê para o Orun. De acordo com o babalorixá e linguista Sidnei Nogueira, o mundo habitado pelos seres vivos, Aiê, pode ser descrito como um mercado organizado por Exu, ou, em outras palavras, um espaço de trocas. Exu é um orixá fundamental para qualquer acontecimento, isto é, aquele que torna possível a realização das coisas, além de ser mensageiro e personagem de muita relevância na tradição iorubá.

Seu nome dá base para a "exuêutica" – conceito usado por Sidnei Nogueira para designar a interpretação da realidade através das encruzilhadas, a percepção de que um trecho de determinado percurso pode levar a sentidos diversos.

Assim como existe a hermenêutica, campo de estudo da filosofia e da teologia responsável pela checagem do sentido das palavras, uma espécie de "ciência da interpretação", temos, a partir da cosmopercepção iorubá, a exuêutica.

Para uma interpretação mais consistente do mundo, seja de um texto oral ou escrito, precisamos ter uma percepção ampliada das mais variadas movimentações que são feitas em uma jornada. Em outros termos, a exuêutica nos convida a interpretar o mundo através dos sabores, dos gostos das coisas.

Por exemplo, uma perda tem um gosto amargo e pode nos colocar em um novo trajeto. Para interpretarmos a realidade, necessitamos de dois elementos: uma espécie de taxonomia dos gostos e um mapa para fazer os itinerários. Precisamos saber se estamos gostando do nosso trajeto. A medida das coisas não passa pelo "falso" ou pelo "verdadeiro". Não se trata de definir o que é "A" verdade. A interpretação exuêutica passa por uma pergunta simples: "eu estou gostando da minha jornada?".

O luto de quem fica passa pela compreensão da relação com a vida de quem partiu. Trocando em miúdos, o luto precisa se conectar com sentimentos que organizaram a vida de quem partiu e a relação de quem ficou com esses encontros. A cosmopercepção iorubá, que é o terreno sobre o qual se constrói uma exuêutica, se

O que é o luto

organiza pela conexão entre sentidos de mundo. Não é o caso de uma cosmovisão, mas de uma articulação entre cosmovisão, cosmoaudição, cosmotato, cosmopaladar e cosmo-olfato, tal como nos elucida Oyèrónké Oyêwùmí em algumas de suas reflexões.

Portanto, uma exuêutica do luto passaria muito mais pela compreensão da vida de quem nos deixa do que pelo lamento de sua partida. A tristeza pela perda de uma pessoa amada requer uma nova relação com quem partiu, porque é o momento de a pessoa falecida tornar-se ancestral e, para quem ficou, cabe celebrar os seus feitos através da memória, ocupando-se de confirmar se a partida foi em um momento em que o seu "destino" foi realizado com êxito.

Em alguns sistemas como o culto a Ifá, que existe em algumas regiões do continente africano, mais frequentemente em áreas da Nigéria, Togo e Benin, assim como em religiões de matriz africana no Brasil, como o candomblé e a umbanda, encontramos rituais construídos a partir da cosmopercepção iorubá. Nesse contexto, nós podemos interpretar que somos nutridos por afetos, alguns sendo saudáveis e nos fortalecendo, e outros nos intoxicando, inflamando e enfraquecendo. A maneira como nós nos alimentamos dos afetos, sejam emoções, sentimentos ou ideias, define o tipo de vida que levamos e a nossa relação com as mais diversas fases, etapas e circunstâncias. No caso do luto, não é diferente. Antes de um breve trajeto para a compreensão acerca do luto, precisamos lidar com a morte.

No contexto iorubano, a morte pode ser interpretada como um percurso de ida para o Orun. Uma pessoa morre quando deixa o Aiê e é submetida às dimensões ordinárias do espaço e do tempo. Orun é uma realidade incondicionada, a morada dos orixás, das divindades que representam a natureza em sua diversidade de elementos e fenômenos.

Uma maneira simples de diferenciá-los está no poder de desintegração do tempo que atua no Aiê, mas que não atinge o Orun. Não cabe aqui apresentar detalhes de rituais religiosos do candomblé, da umbanda ou do culto a Ifá. Em um estudo feito por Juana Elbein dos Santos, *Os nagô e a morte*, a autora comenta que a morte é bem-vinda quando uma pessoa completou com sucesso a totalidade do seu percurso, quando alguém cumpriu todo o seu destino.

Uma morte prematura não é desejável, na medida em que a pessoa não conseguiu realizar toda a sua potência criativa durante a sua vida no Aiê. A perspectiva de que uma pessoa que cumpriu o seu destino está madura para a morte também aparece em outras culturas africanas.

Se considerarmos a conjuntura africana global, isto é, elementos em comum que atravessam várias tradições no continente e fora dele em seus descendentes, encontramos esses elementos no contexto de povos do oeste africano, como os malinke/manincas, ou mandinga, como essa etnia ficou conhecida no Brasil.

O que é o luto

As lições do griot[5] Sotigui Kouyaté[6] informam que a vida humana se dá em ciclos de sete anos. Até os sete anos, a criança fica mais tempo no ambiente doméstico, sob os cuidados da família. Na sequência, a vida pública vai se tornando progressivamente mais intensa. De modo geral, dos 21 aos 42 anos ocorrem processos de formação através dos quais uma pessoa se torna efetivamente adulta. De 42 até 63 anos, uma pessoa reúne as melhores condições para contribuir com o seu trabalho para sociedade. Dos 63 aos 84 anos, a pessoa pode continuar suas atividades de trabalho, diminuindo progressivamente, etapa propícia para intensificar o sentimento de alegria diante das belezas do mundo.

Em certa medida, 84 anos é uma idade em que a despedida será encarada com pesar, mas sem lamentações. O pano de fundo está na compreensão de que a vida aqui se inicia e termina, e isso não deve ser encarado como algo extraordinário.

Ainda que não exista uma idade certa para morrer, é gratificante que uma pessoa possa olhar todo seu percurso e reconhecer que realizou muitos sonhos em sua jornada. Portanto, a noção de missão cumprida ou de destino realizado com êxito tem relação com

---

[5] Griot recobre uma função social de algumas famílias do oeste africano que inclui uma série de atividades como contar histórias, ensinar, atuar, cantar a memória de um povo, ser conselheiro político, dentre outras do mesmo gênero.
[6] No livro *Encontros com o griot Sotigui Kouyaté* (2013), p. 66, encontramos parte dessas formulações.

ter condições de construir uma vida frutífera que tenha enriquecido o mundo ao seu redor.

Quando uma pessoa, ao atingir a velhice, está confortável com o caminho trilhado, estamos diante de uma justa e boa medida para que ela encare a sua própria morte como algo ordinário e sem desespero. O seu sentimento diante do fluxo natural da vida é capaz de contagiar familiares e pessoas amigas para que vivenciem o luto com bons sentimentos.

Uma morte prematura, entretanto, será bastante lamentada, porque é difícil que uma pessoa com pouca estrada tenha tempo para fazer desabrochar seu potencial de enriquecer o mundo. No documentário *Entre nós, um segredo*[7], cuja história relata o trajeto de Toumani Kouyaté, que vai ser reconhecido como o djeli[8] maior do Mali, é mostrado como o seu avô chama todas as pessoas para um encontro em família ao perceber que está perto de partir. Na presença de todos os familiares, ele conta a sua última história e faz uma grande festa. Isso porque entre manincas, iorubás e outros povos africanos, devemos respeitar a morte, sem a temer.

Agora imagine-se em um almoço de domingo na casa de seus avós e, de repente, seu avô bate com o garfo no copo e diz que quer contar a sua última história porque pressente que a morte se aproxima. Você consegue imaginar quais seriam as reações?

---

[7] *Entre nós, um segredo* (2021), de Beatriz Seigner e Toumani Kouyaté.
[8] Djeli é um griot. Mais especificamente, griots que realizam suas funções junto aos governantes.

O que é o luto

Provavelmente alguma prima bateria na madeira três vezes. Outro primo perguntaria quem vai ficar com o carro. Este último momento de conversa em família antes da morte, pode, dentre outras coisas, ajudar que aqueles que ficaram não se desentendam, por exemplo, por causa de bens materiais, ficando, assim, tudo bem entendido e evitando fantasias e tensões futuras desnecessárias.

No contexto cultural maninca, em uma família de djelis, declarar que a hora final está chegando não é razão de sofrimento e lamúria. Em boa parte, porque quem faz essa declaração viveu e vive a vida com intensa gratidão, reconhecendo, no caso de djelis, que contou todas as histórias que precisava contar.

Na África global, a morte pode ser percebida como uma etapa necessária da existência humana que não precisa inspirar aflições, devendo ser encarada como um princípio regulador que nos lembra de que precisamos viver nosso percurso com responsabilidade.

A nossa caminhada pelas estradas e encruzilhadas da existência deve estar de acordo conosco, com os compromissos e acordos que assumimos com nós mesmos e nas nossas relações com os outros.

A morte, chamada no mundo iorubá de Ikú, não deve assustar quem fez uma boa jornada de acordo com a visão dessa cultura. O seu papel é devolver para a natureza o que tomamos de empréstimo para viver no Aiê. A devolução da matéria faz parte do ciclo da natureza, a realidade é uma troca.

Na cosmopercepção iorubá, o mais importante é realizar o próprio destino de modo que se possa ter uma boa morte. Essa expressão, inclusive, ajuda a produzir a ambiência para um processo harmonioso de luto. A leitura filosófica traz a formulação de que é preciso viver bem para inspirar e para que, após a partida, pessoas próximas e queridas possam fazer uma despedida em que a alegria da memória seja mais intensa do que a tristeza da ausência. Assim, ainda que a pessoa não esteja mais presente, a memória estará. E eis, então, a importância de ter uma vida memorável.

Mas, atenção, uma vida memorável não significa uma vida perfeita. Na cosmopercepção iorubá, perfeição e pecado são categorias estranhas. Deve-se buscar relembrar o destino, os caminhos e os percursos que uma pessoa percorreu durante a sua vida.

Nessa concepção entra o conceito de axé, que significa energia vital, força e poder de realização. Sem o axé não podemos realizar nada. Quando vivemos uma vida com axé, deixamos boas memórias após a nossa morte. Ele corresponde ao equilíbrio que torna possível que estejamos de bem conosco para percorrer o caminho que traçamos ou modificá-lo conforme desejos e circunstâncias.

É do nosso interesse interpretar as perspectivas filosóficas que ajudam a lidar com a perda. Em outras palavras, quais ferramentas a cosmopercepção iorubá fornece para vivenciarmos o luto de forma saudável?

Primeiro, é preciso nos conectarmos com as nossas emoções e sentimentos. Não podemos disfarçar o que sentimos e precisamos nos alimentar de afetos que nos

O que é o luto

tornem equilibrados, ou ainda, que nos mantenham em harmonia conosco e com o mundo.

O luto precisa ser um sentimento em que o axé seja preservado. Uma das recomendações e arranjos que podemos fazer diante do luto não é lutar contra a tristeza que o acompanha, ainda que esse sentimento possa dilapidar o axé. É o caso de estabelecermos uma relação em que possamos nos manter em equilíbrio. Precisamos acolher a nossa tristeza e vivenciá-la em conexão com a memória do trajeto de quem partiu.

Eu convivi por mais de duas décadas com o meu avô materno, por quase quarenta anos com minha avó paterna e por doze anos com minha avó materna. A morte desta ocorreu no início da minha puberdade e eu ainda não tinha os recursos necessários para compreender com profundidade os sentimentos gerados pela sua partida prematura e inesperada. No entanto, o tempo de vivência e ensinamentos intensos reverberam na minha vida e seguem para toda minha descendência.

Nos três casos, os processos de luto tiveram em comum o importante sentimento da gratidão. A energia afetiva que recebi das minhas avós e do meu avô, assim como os ensinamentos filosóficos, políticos e religiosos, são faróis que iluminam meus percursos. Sem minha formação familiar, não adiantaria ter feito doutorado, aprendido a ler em outros idiomas, porque não teria esse componente indispensável que me autorizaria a contar as histórias que conto.

Esse breve relato pessoal tem a intenção de destacar que o luto é um sentimento que implica revisitar a nossa relação com quem partiu. Está relacionado com aquilo que devemos fazer enquanto ainda estamos vivos, como não deixar passar as oportunidades de desfrutar de encontros cujas trocas afetivas não deixem dúvidas de que estamos percorrendo um belo caminho.

Não devemos abrir mão de nos empolgar a cada bom encontro que temos com quem amamos. Apesar de ser impossível saber quando será a nossa partida, temos o dever afetivo de estabelecer conexões com aqueles que nos rodeiam, sem fraude e sem favor. O que, muitas vezes, implica também, para além dos bons momentos, em discordar, divergir e viver conflitos.

Durante o processo do luto, é importante que a memória nos informe que vivemos momentos felizes com quem partiu, o que pode ajudar a compreender o papel do gurufim ou porque em lugares como Madagascar e Gana o enterro é festejado.

Dentre os eventos relevantes do ano de 2013, podemos citar a morte de uma figura emblemática da política internacional: Nelson Mandela. Nessa época, tivemos a oportunidade de assistir como a África global trata a despedida de uma pessoa de suma importância.

Mandela faleceu em 5 de dezembro de 2013, mas o seu funeral ocorreu dez dias depois. Esse período foi dedicado ao velório, quando a população sul-africana, além de pessoas de outras regiões do planeta, foram se despedir. No dia de seu falecimento, o noticiário internacional apresentou uma África do Sul onde as pessoas dançavam em seus lares para homenagear Mandela.

O que é o luto

A celebração funerária é um ritual que marca tanto uma mudança na vida quanto o prazer dos vivos ao recordarem quem se foi, compartilhando os bons e maus momentos. Afinal, é importante rememorar o que foi bom, mas também é relevante aprender com circunstâncias difíceis.

Os argumentos do imaginário popular do samba no contexto cultural negro brasileiro trabalham com a simples ideia de que, se lamentarmos a morte aos prantos, ela rondará o funeral. Por isso, o gurufim é o momento de chorar de saudade e celebrar os bons momentos que foram passados ao lado da pessoa falecida. A alegria é uma forma de espantar a morte. Portanto, nada melhor do que uma despedida com festa, canto, bebida e samba. Desse modo, entende-se que a estadia da pessoa falecida por aqui foi boa e sua partida se torna uma celebração.

Seja a partir da cosmopercepção iorubá, nos contextos de algumas regiões do continente africano e nas festas dos velórios de sambistas no Brasil, o luto trata de aceitarmos a realidade inevitável do limite da vida e garantir que quem partiu passou a compor o panteão da ancestralidade, figurando como referência existencial. Por referência, não deve ser entendido um modelo a ser repetido, mas uma doce lembrança de alguém que nos inspira a extrair da nossa própria vida toda potência que nos faça enriquecer ainda mais o mundo que habitamos.

CAPÍTULO 4

Kuarup e Sabonomo: a morte e o luto no mundo Xingu e na Amazônia

MAVUTSININ É O NOME da divindade que desenhou o mundo. O senhor do Morená, aldeia que ficava no centro do universo, ao decidir que queria uma mulher, foi até o rio e, usando uma concha para colher água, fez sua esposa. Ao seu lado, Mavutsinin teve filhos e filhas.

Nesses primeiros tempos, ele andava pela floresta e de lá retirava tudo aquilo de que precisava. Certa vez, Mavutsinin pegou na mata uma corda de arco. Iawat, a primeira onça do mundo, ficou aborrecida, porque tudo que saía da floresta tinha que ser combinado com ela. Iawat preparou seu arco e flecha e foi atrás de Mavutsinin para atingi-lo.

Na mira da flecha da onça, Mavutsinin prometeu que, se Iawat o deixasse em paz, ofereceria uma de suas filhas para casar com ela. Nenhuma delas, no entanto, aceitou o casamento. Diante da negativa de todas as filhas e de um mundo pouco povoado, Mavutsinin resolveu fazer uma fogueira, colocando troncos de árvores ao seu redor e ornamentando cada um com muito cuidado, ritual chamado Kuarup.

Pintou alguns com peixes e outros com cobras. Os peixes se transformaram em mulheres e as cobras em homens, após a realização de uma reza cantada. Surgiram tantas pessoas que foram formadas aldeias. Uma das mulheres criadas aceitou casar-se com Iawat.

Tudo parecia correr bem, até que as pessoas começaram a morrer. Os parentes que ficavam vivos eram dominados pela tristeza e pela saudade. Então, um grupo de pessoas foi até Mavutsinin pedir que trouxesse as pessoas mortas de volta. O pedido, aos poucos, começou a se tornar cada vez mais frequente.

Ele decidiu-se, então, por fazer o Kuarup de novo, com a intenção de reviver aqueles que haviam morrido. Preparou a fogueira e começou a desenhar na madeira, solicitando que ninguém saísse de suas ocas enquanto o processo ocorria.

Na manhã do dia seguinte, os parentes falecidos começaram a se transformar em gente e faltava pouco para que todos retornassem. Mavutsinin passou de oca em oca e disse que só poderia sair quem tivesse dormido sozinho durante a noite, sem esposa ou marido.

O que é o luto

Um dos filhos de Mavutsinin percebeu, ao ouvir os barulhos de comemoração, que somente ele e a esposa haviam permanecido em suas ocas e, curioso, resolveu espiar.

Quando o filho de Mavutsinin colocou os olhos nos parentes que renasciam, todos voltaram a ser troncos de árvores. Esse ato aborreceu Mavutsinin que declarou que, dali em diante, o Kuarup continuaria sendo realizado, mas sem o renascimento dos mortos. Desde então, a festa ocorre como forma de garantir que quem se foi possa habitar a aldeia dos espíritos em paz.

Não é possível falar de uma filosofia dos povos indígenas de forma unificada. Apenas em território brasileiro, por exemplo, existem mais de 305 povos falantes de mais de 274 línguas diferentes.

Por isso, para abordar o tema da morte e do luto, vamos trazer para o diálogo os povos do Parque Indígena do Xingu e da Amazônia, partindo de uma leitura filosófica baseada na obra do xamã e filósofo yanomami Davi Kopenawa. De modo geral, o mito acima trata de algo que, no mínimo, deve despertar alguma curiosidade.

Após um ano da morte de alguém ilustre, a família se reúne e faz o Kuarup. A cerimônia é um tipo de garantia de que a pessoa vai se tornar uma supravivente, categoria que não pode ser sinônimo de mortos e nem de viventes, uma vez que a supravivência[9] é o estágio em que uma pessoa morta, após ter recebido as honras adequadas, se torna apta a habitar o mundo dos espíritos, fazendo-se mencionar no nosso como ancestralidade, modo como nos referimos às pessoas falecidas para afirmar sua presença.

Porém, a presença de uma pessoa supravivente não pode ser convocada de modo que atrapalhe o seu descanso e confunda a nossa memória a seu respeito. Entende-se que presença e ausência são categorias que devem ser aplicadas às pessoas vivas em casos específicos. Por exemplo, falamos nesses termos para designar se uma pessoa compareceu ou não a determinada aula.

A partir dessa perspectiva, a insistência em chamar quem já partiu, ou ainda, afirmar a sua presença, desestabilizaria o seu percurso natural de habitar outra realidade. Nos contextos culturais de povos indígenas, como o sentimento do luto é visto e avaliado? Vamos nos concentrar nas tradições culturais Kuarup do Alto Xingu e ritos Sanöma. Vale a pena situar rapidamente os povos: os Sanöma vivem na Amazônia, em uma reserva Yanomami e Kamayurá. Os povos vizinhos, que vivem no Alto do Xingu, realizam a cerimônia chamada Kuarup.

O Parque Indígena Xingu (pix) é uma área dividida em regiões: Alto Xingu, Médio Xingu, Baixo Xingu

---

[9] Conceito retirado das análises realizadas no título *Fogo no mato: a ciência encantada das macumbas*, de Luiz Simas e Luiz Rufino.

e Leste Xingu. Kuarup ocorre no Alto. No complexo multiétnico do Alto do Xingu vivem dez povos indígenas: Kalapalo, Kuikuro, Matipu, Nahukuá, Wauja, Mehináku, Yawalapiti, Kamayurá, Aweti e Trumai.

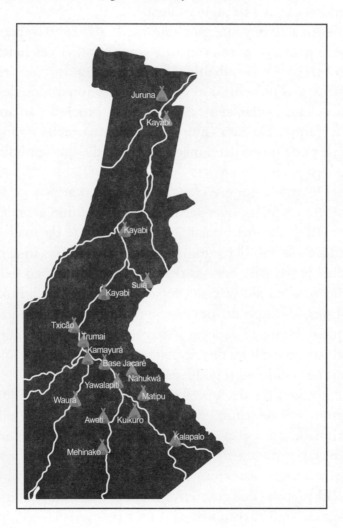

Apesar de ser um termo Kamayurá, o Kuarup é uma festa que faz parte do sistema interétnico, isto é, em que todos os povos participam. Essa celebração se trata de uma maneira de rearrumar a vida da comunidade após a partida de alguém ilustre.

Cerca de um ano após a morte de alguém, familiares se organizam para promover uma festa. A celebração começa com o trabalho de enterradores, homens responsáveis por cortar as árvores e posicionar a madeira no chão. Então, tem-se início uma procissão ao som de flautas. Da casa enlutada chega uma tocha de fogo que pode incendiar a madeira enfeitada, que simboliza quem partiu.

Durante a noite, é o momento de chorar pela pessoa morta. Aqueles que participam da cerimônia podem cantar para quem partiu, aproximando-se da madeira adornada. No dia seguinte, uma nova chama surge e é distribuída para pessoas convidadas que estão ao redor das ocas na aldeia e se preparam para assistir à huka--huka, um tipo de luta em que dois homens disputam quem consegue deslocar e derrubar o outro. Essa etapa mostra que é hora de retomar a vida e, assim, o curso da vida dos enlutados pode ser reestabelecido.

É um tipo de representação de que é chegado o momento de seguir em frente. Ainda que a vida tenha mudado com essa perda triste, é preciso continuar a viver, porque a pessoa querida já não está mais conosco. É necessário aceitar a realidade e reajustar o caminho.

O preparo dos guerreiros inclui que a noite anterior seja de vigília, com um jejum e o preparo da pele, que é raspada com dente de peixe-cachorro e, em seguida, aplica-se pimenta. Cada lutador tem seu corpo pintado e usa um cinturão colorido, além de proteção nos joelhos e canelas. Após vários lutadores entrarem em confronto, é chegado o momento em que a família enlutada convida adolescentes e mulheres jovens para distribuição do pequi, fruto típico do cerrado brasileiro, a todas as pessoas que participam da cerimônia. É um modo de firmar uma aliança.

Por fim, é chegado o momento do banquete, também de responsabilidade da família enlutada, tendo peixe moqueado, polvilho, beiju e mingau de farinha de mandioca. Depois de se banquetearem, mulheres, homens e crianças de várias etnias dançam e brincam. Com isso, o período do luto está encerrado.

Após conhecermos a festa Kuarup, está na hora de entendermos mais sobre as celebrações do povo Sanöma. No norte de Roraima, esse povo realiza uma série de ações para dar um sentido social ao luto. A cerimônia fúnebre desse povo é chamada de Sabonomo.

Após a morte de uma pessoa, familiares se reúnem para um tipo de dramatização organizada pelo xamã e alguns assistentes. As pessoas choram de modo ritualizado, relembrando a biografia de quem morreu. Uma série de uivos e cantos são entoados, reconstituindo a vida da pessoa com os seus grandes feitos e momentos ruins, de atritos, tensões e disputas com rivais. Se a causa da morte foi provocada por algum inimigo, seja humano ou um animal, como uma onça, também deve ser relatada com uivos e choros ao fundo enquanto juram vingança.

As mulheres reforçam que não há medo de entrar em confronto para apoiar a memória de quem partiu. Em determinado momento, todas as pessoas que moravam com a pessoa falecida se jogam sobre o seu corpo, lamentando. Algumas pessoas se colocam de cócoras, com as mãos apoiadas no rosto. Os homens adultos carregam seus arcos e flechas e se lamentam em frente ao corpo. Através da história de vida do falecido reconstrói-se o corpo dele, para que, então, ele seja destruído, iniciando uma nova etapa sem a sua presença na comunidade. Esse processo pode durar a noite toda. No dia seguinte, um familiar autoriza a cremação do corpo, que fica posicionado em uma pira de madeira. A cremação é um costume cultural que encerra essa cerimônia.

Após o fogo ser apagado, os ossos são recolhidos e guardados por um familiar próximo. Nos dias seguintes, a família do morto dá um banquete de mingau de banana, feito com as cinzas de quem partiu, para as pessoas que estiveram na cerimônia. Xamãs passam cerca de uma semana buscando responder o motivo da morte.

Para fazer o mingau, os ossos são pilados e peneirados até se transformarem em cinzas. Parte das cinzas é colocada no mingau, enquanto a outra é colocada em um jirau, artefato de madeira utilizado para guardar objetos. Essa cerimônia dura cerca de dez dias.

O que é o luto

Ao final, os anfitriões, exaustos, dormem após se despedirem dos visitantes satisfeitos. O rito do luto está terminado.

Os dois rituais nos ensinam a importância da aceitação do luto. É necessário processar a perda e ter capacidade de aceitar e assumir a nova realidade. A raiva é uma emoção importante em ambos os casos, já que os lamentos são feitos por meio de gritos, cantoria e choro. Desse modo, é possível dissipar a energia da raiva.

Sabonomo e Kuarup são dois rituais que nos ensinam que não é conveniente ignorar as emoções consideradas ruins. Devemos expressá-las de todas as maneiras que conseguirmos, pois se lamentar também é muito importante.

Esse processo é indispensável para que possamos nos relacionar com a perda de uma maneira saudável. O ritual é um marco simbólico que ajuda a fazer a despedida, com cada uma de suas etapas sendo pensada para ajudar a assimilar a perda. No caso do ritual Sabonomo, a ingestão de cinzas do corpo é um trecho do ritual que significa assimilação. Depois de expurgar raiva, lamentar, chorar e expelir as frustrações vem o momento de assimilar, aceitar e assumir que as coisas serão diferentes dali em diante.

Davi Kopenawa escreveu o livro *A queda do céu*, um tratado de filosofia xamânica Yanomami que pode nos ajudar a fazer uma leitura da realidade em vários aspectos. O filósofo faz uma crítica interessante que enfatiza que, no universo cultural das pessoas brancas, existe um desejo de ignorar a morte, em um tipo de exercício de esquecimento.

A partir dessa observação, podemos situar um aspecto comum não somente das culturas indígenas mencionadas, mas também de outras, que é o fato de não viverem como se a morte não existisse. Em primeiro lugar, a oposição entre corpo e alma não é da ordem do visível *versus* invisível. A alma é corpórea e, por isso, não há uma distinção de naturezas entre um espírito imaterial e a matéria orgânica. O entendimento de ambas as culturas demonstra que não podemos nos fixar somente em nosso corpo ou na nossa alma. É uma questão de perspectiva.

Existirá, então, alguma questão filosófica que possa nos ajudar a refletir sobre a morte e o luto e que seja comum aos dois povos? Mais uma vez, vale a pena trazermos o xamã-filósofo Davi Kopenawa para a conversa. Podemos falar de temporalidades diversas. De um lado temos o tempo histórico dos eventos e dos acontecimentos. Do outro, temos o tempo do sonho, que nos dá acesso ao mundo fora do tempo.

A compreensão da realidade passa por acessar um tempo que não está sob "as leis do tempo" – um fluxo incessante que faz o futuro se tornar presente e o presente se tornar passado. É através do sonho que podemos ter acesso ao tempo mítico. No tempo dos acontecimentos, existe um momento em que os fenômenos se repetem. Por exemplo, o sol nasce e, após um tempo, a lua toma o seu lugar para que ele possa descansar.

O que é o luto

Mas existe um tempo em que as mudanças são irreversíveis. Todas as coisas vivas invariavelmente nascem e morrem, e é sobre esse tempo que precisamos saber um pouco mais.

Há algo de peculiar nesse tempo, configurado pelo poder de cultivar na terra dos nossos afetos uma emoção importante que pode nos deixar com vontade de fugir ou até nos paralisar: o medo. Um funeral e um sepultamento ritualizados nos colocam de frente com o medo, cara a cara com a angústia da perda.

A dramatização de eventos importantes da vida, o ritual e, de modo geral, todas as celebrações que marcam um acontecimento, como aniversário, casamento ou morte, funcionam como ritos de passagem de uma situação para outra. Nas tradições citadas anteriormente, eles estão diretamente ligados ao sonho, já que esses rituais nos convocam para o poder restaurador que ele tem.

Muitos autores de povos originários destacam o papel do sonho para interpretar o mundo e intervir na realidade. No xamanismo que Kopenawa habita, o sonho é a terra onde o pensamento assume toda sua potência e nos comunica informações especiais e necessárias tanto para a vida quanto para a morte. O sonho que nos inspira a pensar além do que é óbvio segue transportado pelo ar, cultivado na terra, lavado pela água, que separa o que presta do que não é bom, e é finalizado com o fogo cremando as partes prejudiciais.

De frente para o abismo dos mistérios da vida, tal como a morte que não podemos evitar, o que nos resta diante de uma perda? O acesso aos sonhos tem relação com ideias que atravessam os dois rituais, "relembrar para esquecer". Isso fica muito demarcado no rito Sabonomo, já que as pessoas precisam relembrar os feitos de quem se foi, citando bons e maus momentos.

O ato de cremar o morto em um caso e assumir a despedida no outro são mecanismos para um esquecimento importante. Não o esquecimento da pessoa, mas do desejo de que ela esteja conosco, uma vez que é impossível de ser realizado.

Não podemos deixar de caminhar na vida, mas isso só será possível se tivermos um ou vários momentos em que as coisas estejam definidas na medida da sua importância. A ausência de algum tipo de ritual após a morte atrapalha o processo do luto por não nos permitir a despedida de quem partiu. É algo marcante e importante para que possamos ressignificar os caminhos vindouros. A mensagem que fica é simples: despeça-se de quem partiu e viva intensamente o ritual de adeus.

CAPÍTULO 5

O *Livro do vir à luz do dia*: a morte e o luto no Kemet (Egito antigo)

ERA UMA VEZ UM reino no Egito antigo que era governado pelo rei Ausar e pela rainha Auset. Ausar tinha um irmão, Set, que o invejava e desejava tomar seu lugar no trono. Com esse objetivo em mente, ele o convidou para um banquete e preparou uma armadilha, trancando-o em um caixão e cortando-o em catorze pedaços, que, depois, foram espalhados pelo mundo.

Ao perceber que o rei demorava a voltar, a rainha foi procurá-lo na casa de Set. Auset não ficou convencida com as explicações dele e foi em busca de Ausar. Após muito esforço, conseguiu encontrar pedaços do marido, que ia costurando e enfaixando para trazê-lo de volta à vida.

Quando voltou, Ausar estava diferente, enfaixado em tiras de tecido branco. Sua pele negra tinha se tornado bastante esverdeada. Usando um cetro em forma de gancho em uma das mãos e um chicote na outra, assumiu como incumbência julgar os mortos. Ausar e Auset tiveram um filho, Heru, que mais tarde foi até seu tio reclamar o trono que havia sido usurpado do pai. Ausar tornou-se responsável pela pesagem dos corações com apoio do deus Anupu, que tem como papel levar as pessoas mortas até o salão de pesagem do coração. Lá, o falecido encontra 42 juízes e, antes de se dirigir a cada um, pede que seu coração concorde com ela. Na sequência, responde a um juiz por vez com os seguintes enunciados:

1. Eu não desrespeitei as leis divinas.

2. Eu não roubei.

3. Eu não furtei.

4. Eu não assassinei homem ou mulher.

5. Eu não furtei grãos.

6. Eu não me apropriei de oferendas.

7. Eu não furtei propriedades divinas.

8. Eu não proferi mentiras.

9. Eu não desviei comida.

10. Eu não proferi palavras ofensivas.

11. Eu não cometi adultério.

O que é o luto

12. Eu não levei alguém ao choro.

13. Eu não senti remorso/arrependimento.

14. Eu não ataquei ninguém.

15. Eu não sou uma pessoa falsa.

16. Eu não furtei de terras cultivadas.

17. Eu não fui uma pessoa enxerida e bisbilhoteira.

18. Eu não caluniei.

19. Eu não senti raiva sem motivo justo.

20. Eu não desmoralizei verbalmente a mulher de homem algum.

21. Eu não desmoralizei verbalmente a mulher de homem algum (repetido para um juiz diferente).

22. Eu não me profanei.

23. Eu não dominei ou controlei alguém pelo terror.

24. Eu não transgredi a lei.

25. Eu não fui irado.

26. Eu não fechei meus ouvidos às palavras verdadeiras.

27. Eu não blasfemei.

28. Eu não sou uma pessoa violenta.

29. Eu não sou uma pessoa que gera conflitos.

30. Eu não agi ou julguei com pressa injustificada.

31. Eu não pressionei em debates.

32. Eu não multipliquei minhas palavras em discursos.

33. Eu não induzi alguém ao erro, não agi mal.

34. Eu não fiz feitiços ou blasfemei contra o faraó.

35. Eu nunca interrompi o fluxo das águas.

36. Eu nunca falei com arrogância e raiva ou levantei minha voz.

37. Eu nunca amaldiçoei ou blasfemei a Deus.

38. Eu não agi com ódio.

39. Eu não furtei o pão dos deuses.

40. Eu não desviei os bolos khenfu pertencentes às almas dos mortos.

41. Eu não tomei o pão de crianças nem desprezei a divindade da minha cidade.

42. Eu não matei o gado pertencente a Deus.

Após essas respostas, que estavam acessíveis no *Livro do vir à luz do dia*, e para evitar trapaças de quem morreu, já que as respostas podiam ter sido decoradas, é chegada a hora decisiva. Eis o momento de pesar o coração e ter como contrapeso a pena de Maat, deusa da verdade e da justiça. Sua pena representa harmonia e equilíbrio.

Anupu prepara a pesagem sob o olhar de Ausar. No momento em que o coração é pesado, abrem-se dois caminhos, que levam à vida eterna com graça e alegria ou à extinção[10]. Ausar dá a sentença, e a pessoa

---

[10] A interpretação mais frequente é bem simples: o coração leve é uma vida de bem consigo mesmo. O coração pesado simboliza uma existência sofrida.

O que é o luto

que tiver o coração tão leve quanto a pena da verdade seguirá o caminho da eternidade no outro mundo; enquanto quem tiver o coração pesado será devorado por Amut, ser com cabeça de crocodilo e corpo de leão e hipopótamo. Com o pai cuidando do mundo dos mortos, Heru vai confrontar o tio Set. Os deuses Set e Heru travam batalhas memoráveis até que Heru consegue recuperar o trono.

Para tratar de qualquer fenômeno no Kemet, o Egito antigo, é preciso mergulhar na sua filosofia. O pensamento filosófico kemético tem alguns princípios fundamentais, dentre os quais se encontra a tese de que o coração é a sede dos afetos, do pensamento e do caráter, argumento que é bem sustentado pelo filósofo Amenemope. Outro princípio relevante é o aspecto monista desse pensamento, o que pode ser percebido na ideia de que o mundo humano, a natureza e o reino divino são inseparáveis.

Em paralelo, precisamos entender que política, religião e economia também não eram elementos distintos. É como se tudo estivesse junto e misturado, com a separação sendo apenas uma estratégia para compreendermos a realidade.

No Kemet, pessoas falecidas faziam parte da comunidade de pessoas vivas. Portanto, o ritual funerário era muito importante, porque, se tudo fosse feito de acordo com as regras do *Livro do vir à luz do dia* (*Reu nu pert em hru*) – que foi traduzido indevidamente como *Livro dos mortos* –, a pessoa falecida poderia ter uma vida tranquila e próspera logo na primeira etapa após a morte. O livro faz recomendações importantes que devem ser seguidas pelos mortos. Encontramos centenas de formulações, dentre as quais os enunciados que indicam o que deve ser dito diante das primeiras perguntas de Anupu e dos 42 juízes.

Às pessoas enlutadas cabia, em primeiro lugar, preparar o corpo, embalsamar e mumificar quem partiu e sepultá-lo com seus objetos preferidos. Como em qualquer sociedade de classes, as pessoas mais pobres não tinham as mesmas condições que altos funcionários e, nem de longe, de sacerdotes e da família real. Sem dúvida, a mumificação não era acessível a toda população. Uma estratégia das pessoas enlutadas mais pobres era submeter o corpo do falecido ao choque térmico do deserto, onde dias muito quentes são seguidos por noites frias. O objetivo era deixar o corpo conservado para que, assim, a pessoa fosse sepultada e chegasse bem ao outro mundo, pois da forma que o corpo estivesse no momento do sepultamento, era como ela chegaria. Cabia às pessoas de luto realizar um processo que poderia durar bastante tempo, passando, por vezes, de dois meses.

Enquanto isso, as pessoas com mais recursos realizavam todas as etapas para que o funeral e o sepultamento fossem favoráveis à boa recepção da pessoa falecida no tribunal. O primeiro passo era retirar alguns órgãos, o que era feito pela perfuração via fossas nasais ou através do céu da boca. Retirava-se o cérebro, na sequência estômago, fígado e pulmões, ficando apenas o coração e os rins.

O segundo passo era a etapa mais longa, em que era usada uma solução de natrão, composto químico com carbonato de sódio, bicarbonato de sódio, sal e sulfato de sódio, na qual o corpo ficava imerso por cerca de um mês. Nesse período, os órgãos que tinham sido retirados também eram desidratados e colocados em vasos.

Na terceira etapa, o corpo era preenchido com algum material, como chumaços de tecidos ou até serragem. Logo em seguida, era enfaixado e sepultado dentro de um sarcófago com a sua imagem.

Além dos protocolos funerários e de sepultamento kemético, precisamos trabalhar uma das grandes contribuições filosóficas do Egito antigo: o que fazer para ter uma boa vida depois da morte? Antes de morrer e passar a viver no além deste mundo, precisamos ter uma existência em que o coração esteja em harmonia consigo mesmo. O coração é um órgão chave e, por isso, era retirado somente para a etapa de pesagem com Ausar.

A filosofia de Amenemope nos apresenta o coração como órgão pensante, sede da nossa personalidade, das nossas emoções e dos nossos sentimentos. Um coração pesado está encharcado de mágoas, arrependimentos –

preso aos sofrimentos que provocou, porque levou uma vida em que batia em ritmo inconveniente, em desacordo com a sua natureza. O mito nos ajuda a compreender o que deve ser uma vida harmoniosa.

Uma narrativa mítica pode ter várias abordagens, cada personagem pode ser um arquétipo, um tipo humano, uma qualidade, uma virtude ou um vício. Eles podem, também, apresentar características humanas.

No caso de Ausar, Auset, Heru e Set, podemos interpretar que se tratam de dimensões da humanidade. Ausar representa o nosso eu mais profundo; Auset, a nossa potência afetiva, mais especificamente a capacidade de amar; Set, o nosso desejo insaciável pelo poder e pelo controle; Heru, a relação saudável e justa com o poder, a potência de realização e criação que não precisa de controle. Numa rápida conclusão, a nossa capacidade de amar é o que nos torna acessíveis a nós mesmos. Para uma vida em que o coração não pese mais que a verdade e a justiça, precisamos não dissociar o que pensamos daquilo que sentimos.

Sendo o coração sede da nossa natureza íntima e indivisível, um dos primeiros equívocos existenciais está em começar separando o conhecimento intelectual das emoções e sentimentos. De acordo com a filosofia de Amenemope, engana-se quem supõe que a cabeça e o coração nos convidam para percursos diferentes. Razão e emoção não são inconciliáveis, e acreditar o contrário é uma forma de corrupção.

Aqui, uma pessoa corrompida tem o sentido original do termo: adulterada, modificada, ou em estado

O que é o luto

de decomposição. Somente alguém desconectado de si mesmo é capaz de separar coisas inseparáveis, porque não está em sintonia consigo. É a compreensão de que tudo está no coração, o que torna possível alguém seguir o seu ritmo natural de viver. A separação entre o que pensamos e o que sentimos é um caminho seguro para o sofrimento e muitas frustrações.

Uma vida em que o coração esteja inteiro não é garantia de afastamento das dificuldades, mas a nossa relação com a realidade se transforma de uma tal maneira que somos capazes de pensar-sentir. As nossas emoções e sentimentos não entram em choque com as nossas ideias e nossos raciocínios. Por exemplo, diante de uma situação em que sejamos tomados pela raiva, nossa mente não vai sucumbir e não agiremos com ira se nosso coração vivenciar a raiva na justa medida. Afinal, a raiva é uma emoção de protesto necessária, porque ela ajuda a estabelecer fronteiras entre o que pensamos-sentimos e o que os outros pensam-sentem.

O problema não está na raiva, mas no que ela pode se transformar, como a violência. De modo simples, o ódio é a raiva cultivada com o desejo de atacar o que nos incomoda. O eixo do argumento é de que um coração de bem consigo é capaz de vivenciar dores, angústias, sentimentos nobres e emoções dilacerantes e vivenciar tanto dias bons quanto os ruins sem separar-se de si, sem se desconectar e que os resíduos das feridas pesem em seu coração.

É necessário ter uma vida em consonância com a verdade e a justiça para não ser devorado por Amut após o julgamento. Caso nosso coração inflame, devemos esvaziá-lo. "Guarda-te de alterar a medida" – uma ordem que tem relação direta com o autoconhecimento. No pensamento kemético, uma pessoa é composta de força vital (ka); coração/alma (ba); força divina (akh); sombra (sheut) e identidade (ren). O modo como alguém associa esses elementos, experimentando os acontecimentos da vida dentro de uma justa medida, mantém o coração leve.

A justa medida passa por um autoexame e por um tipo de atividade filosófica enquanto exercício radical de estabelecimento de sentido. A medida da verdade está na elaboração do sentido da vida. Conforme estabelecemos tais medidas, nosso coração deixa de acumular rancor e o pensamento se mantém conectado aos afetos.

Essa filosofia tem uma protopsicologia por meio da qual podemos anunciar aspectos do nosso mundo psicológico. Ausar, Auset, Set e Heru são as instâncias psíquicas, as faces da alma humana.

Ausar indica o que há de mais íntimo em cada um de nós: a nossa "alma", aquilo que precisamos preservar a qualquer custo para nos mantermos vivos e donos da nossa consciência afetiva, o nosso temperamento e o nosso caráter articulados. Ausar é a nossa natureza humana individualizada.

O amor, Auset, tem um papel muito importante, encarna a figura da mãe e da esposa porque retrata a potência do cuidado e o poder da restauração. No mito, Auset junta os cacos de Ausar. Na sequência, a divindade fica esverdeada, o que quer dizer que sua natureza mais íntima se manifesta. A cor verde presente no mundo vegetal simboliza a natureza. Ao tornar-se um deus negro esverdeado, Ausar está informando que está de bem consigo.

Set é uma divindade que representa a busca pelo poder egoísta que fragmenta e estilhaça nossa alma. O irmão de Ausar tem como meta principal conquistar a glória e o prestígio advindos do trono, independentemente dos efeitos ruins que isso possa trazer. Set é a dimensão psicológica em cada um de nós que nos faz dar prioridade para um percurso de poder focado no controle e no domínio.

Heru, que vai entrar em guerra com o tio e reclamar o seu trono, é resultado do encontro sexual de Auset com Ausar. Do encontro do amor com nosso eu profundo surge a divindade com cabeça de falcão que, após lutar incansavelmente com seu tio, recupera o trono e unifica o Kemet. A unificação política que aparece no mito tem um significado. Quando separamos razão e emoção, quando precisamos afirmar coisas que não sentimos e dizer o que não pensamos, passamos a experimentar uma vida vazia de significado, em que não sabemos se quem fala somos nós mesmos ou uma personagem.

Interpretarmos um papel que nos faz esquecer quem realmente somos é o caminho seguro para uma vida de arrependimentos, isto é, para um coração pesado. Para morrer bem, é preciso ter um coração leve. Independente de assegurar uma boa vida após a morte nas mais diversas crenças, esse é um caminho para uma vida feliz antes da morte. A melhor forma de morrer é após viver uma vida em que as alegrias foram celebradas, as tristezas foram vivenciadas como eventos naturais e o medo não impediu a pessoa de olhar para si.

CAPÍTULO 6

A luta de Antígona pelo direito ao luto: o papel do funeral na mitologia grega

ERA UMA VEZ UM reino em que dois herdeiros, Polinices e Etéocles, brigavam pelo direito de sucessão ao trono. Filhos de Édipo e Jocasta, eram de uma família marcada por tragédias, uma vez que o avô fora morto pelo pai deles e a avó era também sua mãe.

Quando Édipo e Jocasta faleceram, os irmãos começaram sua batalha e guerrearam duramente, até que ambos morressem. As irmãs Ismênia e Antígona ficaram abaladas pela notícia da perda dos irmãos e pela decisão do então novo rei, Creonte, de enterrar apenas Etéocles, enquanto Polinices seria deixado no campo de batalha para ser devorado pelos abutres.

Acreditavam que, sem uma sepultura, a alma de Polinices nunca teria descanso. Após conversarem muito sobre a situação, Ismênia decide desistir de lutar por um sepultamento digno para o irmão, alegando que a razão de qualquer mulher nunca conseguiria fazer frente com a voz de um homem. Antígona, entretanto, não se dá por vencida. Continua a insistir, mas Creonte não muda de opinião.

Às portas do casamento, ela pede que seu futuro marido interceda junto ao rei. O noivo de Antígona, Hemon, é filho de Creonte e, então, tenta convencer o pai, sem obter sucesso. Antígona é presa por desafiar o rei. Tirésias, profeta tebano que consegue enxergar o futuro, diz palavras tão agudas que modificam a opinião do rei Creonte. O oráculo argumenta que se o rei não permitir o sepultamento honrado de Polinices, uma maldição o cobrirá.

Então, o rei se empenha em desfazer o que foi feito e decide enterrar o sobrinho. Mas, quando decide libertar Antígona, ela já está morta. Decepcionada por não poder realizar o funeral do irmão, ela decidiu tirar a própria vida e, tomada por profunda melancolia, se enforcou.

Acho importante compartilhar trechos de um texto grego que ajudam a dimensionar a importância de um evento que caracterize a despedida de quem morre. Na Ilíada, Homero traz relatos muito relevantes, mostrando que mesmo diante da carnificina de uma batalha que manchava o solo com o sangue vermelho dos guerreiros, havia uma trégua na guerra para que gregos e troianos pudessem sepultar seus mortos.

> Canto VII
> Faze, portanto, mal surja a manhã, suspender os combates.
> Com bois e mulos, depois, os cadáveres todos nos carros
> transportaremos, a fim de queimá-los na pira sagrada,
> um pouco longe das naves, que os ossos possamos a cada
> filho entregar, quando à pátria querida, por fim, regressarmos
> (...)
> Era tarefa difícil identificar os cadáveres,
> sem que, primeiro, com água os coalhos de sangue tirassem.
> Por entre choro sentido os colocam, depois, nas carretas.
> O grande Príamo, entanto, proibiu gritaria: em silêncio,
> o coração angustiado, às fogueiras os corpos entregam.
> Logo depois de queimados, voltaram para Ílio sagrada.
> Do mesmo modo os Acaios, de grevas bem-feitas, procedem:

o coração angustiado, às fogueiras os corpos entregam;

logo depois de queimados, às côncavas naus retornaram.

Canto XXIII

Ainda que no Hades escuro te encontres, alegra-te, Patróclo,

pois vou cumprir tudo quanto afirmei que fazer haveria.

Trouxe arrastado o cadáver de Heitor, para aos cães atirá-lo,

e na fogueira sagrada pretendo imolar doze Teucros

dos de mais lúcida estirpe, por causa, tão só, de tua morte.

(...)

E quando o plácido sono o cerceou, aliviando-lhe as dores,

pois em extremo cansados os membros donosos sentia,

de perseguir o alto Heitor ao redor das muralhas de Troia,

aproximou-se-lhe o espectro do mísero Pátroclo, ao morto

em tudo igual, na estatura gigante, nos fúlgidos olhos

e no agradável da voz; iguais vestes, também, tinha o espectro.

Fica-lhe junto à cabeça e lhe diz as seguintes palavras.

"Dormes, Aquiles, o amigo esquecendo? Zeloso eras antes,

O que é o luto

quando me achava com vida; ora, morto, de mim te descuidas.

Com toda a pressa sepulta-me, para que no Hades ingresse,

pois as imagens cansadas dos vivos, as almas, me enxotam,

não permitindo que o rio atravesse para a elas a juntar-me.

Por isso, vago defronte das portas amplíssimas do Hades.

(...)"

A cerimônia de despedida dos mortos era considerada tão importante naquele contexto que mesmo uma guerra não deveria impedir esse ritual. É diante desse princípio inquestionável que o poeta e dramaturgo grego Ésquilo nos traz uma trama trágica que pode nos ajudar a pensar e, ao mesmo tempo, organizar os nossos sentimentos em torno de circunstâncias em que a despedida não acontece.

A última peça da trilogia tebana escrita por Sófocles, composta por *Édipo rei*, *Édipo em colono* e *Antígona*, trata de conflitos de várias naturezas. O conflito entre o indivíduo e o Estado, entre a Justiça e as leis, entre o poder patriarcal masculino opressor e a insurreição das mulheres.

Você já pensou como se sentem as famílias que perdem parentes em desastres ambientais, sendo soterradas por lama, rejeitos tóxicos, sepultadas por prédios e cujos corpos não são encontrados? Desastres como esses acontecem no mundo inteiro e com frequência são palcos de mortes em que corpos desaparecem. A sensação dos familiares deve ser semelhante à de Antígona.

O mito grego em que Antígona luta contra as ordens do tio representa uma disputa do direito natural contra o direito positivo. Em outras palavras, uma medida que é assegurada pela própria natureza foi colocada em xeque por uma ordem humana. O direito a um enterro digno, um funeral e um sepultamento que envolva o costume de dar algum dinheiro para que a alma da pessoa morta pudesse ser julgada de maneira justa não podia ser negado. Esse costume será explicado logo a seguir.

É importante ressaltar, entretanto, que o corpo de Polinices estava apodrecendo e, enquanto isso, sua alma estava perturbada. Suas irmãs, Ismênia e Antígona, não podiam viver o luto de maneira adequada enquanto o irmão não fosse sepultado, uma vez que uma das mais relevantes ideias da Grécia antiga está justamente na compreensão de que uma pessoa não pode deixar de ser enterrada.

Na cultura helênica clássica, o destino de todos, até mesmo das divindades, é tecido por três deusas irmãs, as Moiras, cujos nomes são Cloto, Láquesis e Átropos. A primeira deusa, Cloto, é a responsável pelos nascimentos. Ela tece o fio da vida de cada ser e é auxiliada por Ilícia, a deusa dos partos; Ártemis, a deusa da caça e Hécate, deusa das terras selvagens.

Láquesis era a responsável por dar a extensão da vida de cada pessoa. O tempo passado na Terra era decidido de acordo com a sua vontade. Para tal, ela

O que é o luto

contava com o auxílio de Tique, divindade da fortuna e prosperidade; Pluto, deus da riqueza e Moros, espírito personificado do destino.

Por fim, Átropos decidia a hora da partida ao cortar o fio que fora tecido e esticado pelas irmãs. Para tomar tal decisão, contava com a ajuda de Tânato, a personificação da morte; das Queres, espíritos femininos da fatalidade, e de Moros.

No sepultamento, era necessário colocar uma moeda sobre a boca ou sobre os olhos da pessoa falecida. O objetivo era pagar Caronte, o barqueiro de Hades, responsável por carregar as almas dos recém-mortos para que façam a travessia sobre os rios Estige, Aqueronte, Cócito, Lete e Flegetonte e encontrem seu julgamento. Na sequência, a pessoa entra no Palácio de Hades, o deus do Inferno[11]. Diante do olhar de um cão de guarda com três cabeças chamado Cérbero, animal de estimação de Hades, todas as almas são encaminhadas para um interrogatório.

A sentença de Hades era irrevogável e as almas julgadas poderiam ser encaminhadas para os Campos Elísios, o paraíso da mitologia grega; os Campos Asfódelos, região sem alegria e sem dores composta por uma monótona planície verde; ou para o Tártaro, ambiente de sofrimentos e tristezas, território das penas mais severas, repleto de riscos, designado para as pessoas ruins ou que tinham desafiado os deuses.

---

[11] Inferno na cultura grega não tem o mesmo significado que encontramos na tradição cristã. É, tão somente, o lugar habitado pelos mortos.

Como vista, a moeda depositada sobre a boca ou os olhos era importante, pois, se não conseguisse pagar pela travessia, a pessoa não teria acesso ao Castelo de Hades e estaria condenada a vagar pela eternidade, sentindo o cansaço de "viver" sem um destino certo.

A partir dessa tese do mito grego, podemos passar a tratar de situações angustiantes. Quando falamos de mortes brutais, como nos casos de corpos esquartejados ou queimados ou dos já citados desastres em que familiares ficam sem vestígios dos restos mortais, nos deparamos com um questionamento: como passar pelo processo de luto de forma saudável sem enterrar quem partiu?

Com base na tragédia grega, o que aqui denomino de luto saudável é um processo em que a pessoa enlutada é capaz de vivenciar as etapas necessárias para se despedir. A cerimônia é um ritual simbólico que marca uma despedida, e a falta do velório dificulta a elaboração da perda. Quando se tem a ausência de um corpo, a morte parece não se tornar real.

Se, em termos psicanalíticos, nós podemos dizer que a morte está no limite do inaceitável, é uma fronteira intransponível que não conseguimos conceber direito, o que essa ausência nos provoca é a necessidade de repensar o luto. O que a luta de Antígona nos informa também pode ser a necessidade de estabelecer um novo ritual de despedida. Na falta do corpo para enterrar, como podemos nos despedir de quem amamos?

Estando de acordo que um ritual de despedida facilita a expressão pública da tristeza, uma oportunidade

O que é o luto

para que as pessoas enlutadas iniciem o novo papel social que irão assumir após a perda pode ser um espaço em que possam compartilhar memórias, dando e recebendo acolhimento.

Quando falamos de papel social, estamos designando os modelos de comportamento que orientam as ações do sujeito em uma sociedade. Uma pessoa casada que se torna viúva assume um novo papel social. Alguém que sofra um acidente e passe a se movimentar de cadeira de rodas também assume um novo papel social.

Quando uma pessoa perde alguém querido, precisa reestabelecer suas funções na sociedade. E como isso pode ser feito sem um velório e um funeral? Com a criação de um ritual, que funciona de modo a permitir que esse processo de transição seja vivenciado.

Pois bem, o que diversos estudos demonstram é que compartilhar o sofrimento em um espaço em comum ajuda a retomar a vida social. Ainda que não seja possível substituir o enterro ou a cremação, ou seja, a despedida efetiva do corpo, podemos elaborar afetivamente a perda e o novo papel social de quem perdeu uma pessoa amada em outros eventos.

Em todas as situações em que o sofrimento da perda se instale, podemos recorrer a uma cerimônia religiosa. No candomblé, há o processo de andar de branco por um período, uma vez que, nessa religião, a cor representa o luto. No caso da população católica apostólica romana existe a missa de sétimo dia como um recurso possível diante do corpo ausente.

Na impossibilidade de se despedir do corpo, um ritual religioso contribui para que a experiência de despedida seja realizada. A celebração de uma cerimônia religiosa após a morte, mesmo sem enterro, é uma possibilidade relevante para que o rito de passagem seja feito. Ainda que o evento religioso não substitua a despedida do corpo, ele ajuda a expressar as emoções e sentimentos diversos que envolvem o enlutamento.

É a oportunidade para que as pessoas se reúnam e delimitem as fronteiras, como um limite temporal do enlutamento. Antígona representa o direito ao sofrimento como forma de dar consistência e consciência à morte. O processo de luto pode envolver silêncios e a negação sistemática, e, assim, o ritual torna-se o momento para fazer um exercício que busque trazer a consciência coletiva da perda.

Temos, ainda, que elencar o caso específico do luto diante de eventos históricos marcados por uma insegurança sanitária global, como a pandemia de covid-19 que teve início no ano de 2020 e não somente reorganizou nossa forma de viver, mas também trouxe a sensação de luto coletivo devido as milhões de pessoas falecidas ao redor do mundo.

Estivemos em luto não apenas por aqueles que perdemos, mas pela coletividade. O mundo como conhecíamos desapareceu, seja porque passamos a dar maior atenção aos riscos ou pelo estado de alerta crônico diante de lutos iminentes.

Nos momentos mais críticos da pandemia de covid-19, podíamos ser contaminados, internados ou ver pesso-

O que é o luto

as próximas com exames positivos e perto da morte. É a atmosfera de um luto que não pode ser terminado, como aquele de Antígona. Diante dos primeiros anos dessa pandemia, a sensação era de que a morte estava o tempo inteiro à espreita, aguardando o momento de levar alguém ou a nós mesmos.

Eventos de luto coletivo, ou seja, em que todas as diferentes sociedades em um mesmo período vivenciam o enlutamento, não são exclusividade dessa pandemia. A pandemia de covid-19 afetou o mundo inteiro, de modo que em dois anos se tornou difícil encontrar alguém que não tenha perdido uma pessoa próxima para a doença. O mesmo ocorreu com a gripe espanhola, ocorrida no final da década de 1910, que afetou diversos países e matou aproximadamente cinquenta milhões de pessoas. Ou, ainda, na Europa medieval, quando houve a peste bubônica, entre os anos de 1346 e 1353, que dizimou centenas de milhões de pessoas na Europa e parte da Ásia.

Enlutamentos coletivos diante de uma realidade que nos mantém em alerta contínuo geram uma dificuldade para o processo de despedida: a falta do enterro. Qual ato simbólico pode informar que algo passou, de modo a nos permitir a reorganização de nossas vidas? É preciso enterrar Polinices. É preciso marcar os limites. A coragem de Antígona pode nos inspirar muito. Primeiro, porque ela luta contra os homens, alheia ao conselho de Ismênia que diz que mulheres, mesmo corretas, não podem vencer um homem apoiado em falsidades. A decisão de Creonte é aquela do homem opressor, da lei que não age de acordo com a Justiça. Afinal, nem tudo que é legal é justo. Por exemplo, durante muito tempo no Brasil só os homens votavam[12]. Isso era legal no sentido de ser permitido pela lei, mas injusto.

Em uma comparação ligeira, a "ordem de Creonte" está presente no imponderável de uma morte sem corpo. Quem se despede precisa estar representado. Se o corpo estiver ausente do *adeus*, devemos insistir em buscar um caminho para enterrá-lo.

Antígona representa o desejo de estabelecer um limite, um marcador simbólico que nos informe uma nova etapa da vida. Para tal, precisamos de um marco que faça essa cisão. Não há modelos perfeitos, mas precisamos encontrar algum evento que defina esse limite, que reestabeleça o rumo. O atordoamento da perda carece de um marcador que informe para nós que ainda estamos vivos, que temos o direito de continuar.

---

[12] Em 24 de fevereiro de 1932, o voto feminino tornou-se uma realidade no Brasil.

CAPÍTULO 7

Aceitando a partida: o luto na tradição islâmica

NO INÍCIO DO MUNDO, Alá fez Adão, o primeiro profeta. Antes de criá-lo, entretanto, ele pediu a vários anjos que trouxessem um pouco de terra para realizar a tarefa. Nessa época, existiam anjos e gênios.

Nenhum anjo, e tampouco gênio, conseguia levar terra até Deus para que fossem criadas pessoas para habitar o nosso mundo. Apenas Azrael, o servo de Deus, arcanjo da justiça e mais tarde designado como Malak al-Mawt, o Anjo da Morte, foi capaz de recolher a terra para que Deus fizesse o homem.

É da ordem divina que tudo seja equilibrado e nada fique faltando ou sobrando. Em aparência, os seres humanos são feitos de alma e corpo; este segundo, entretanto, é retirado da terra e, por isso, não nos pertence. É preciso devolver a alma para que Alá decida o melhor caminho e ressarcir à terra o que lhe foi tomado.

No islamismo, o Corão é a fonte de autoridade, um livro sagrado com 114 capítulos e 6236 versos. Islã é um termo que diz respeito à ideia de submissão e sua prática religiosa exige a rendição à vontade divina.

De acordo com a cultura islâmica, Abul Alcacim Maomé ibne Abedalá ibne Abedal Motalibe ibne Haxime, mais conhecido como Maomé, nasceu na península arábica durante o século VI, mais especificamente em Meca. Aos quarenta anos, enquanto se retirava em uma caverna, o profeta foi visitado pelo Arcanjo Gabriel. Sem saber ler, começou a aprender e decorar os ensinamentos transmitidos. Dentre os ensinamentos havia a Sharia, sistema jurídico islâmico, responsável por definir os costumes, desde comportamentos até a alimentação.

Em certa medida, o Islã é um projeto político-religioso, ou ainda, um modelo civilizatório. A dimensão político-jurídica é inseparável da religiosidade nesse contexto cultural. Portanto, ao longo da consolidação de Maomé como lider, ele acumulou os papéis religioso, político, jurídico e militar. O profeta liderou a Jihad, uma espécie de empenho especial atualmente conhecido como guerra santa, e em 630 d.C. conquistou Meca praticamente sem resistência.

Os fundamentos da religião passados do anjo para Maomé determinaram cinco princípios inegociáveis que podem ser mencionados e dizem respeito a todas as pessoas que professam o islamismo:

1º) Aceitar Alá como Deus único e Maomé como seu profeta.

2º) Realizar a salat, oração diária, cinco vezes por dia: Fajr na alvorada, Dhur ao meio-dia, Asr entre o meio-dia e o pôr do sol, Maghrib logo após o pôr do sol, Isha, entre pelo menos uma hora e meia após o pôr do sol e antes da meia-noite.

3º) Praticar a caridade, fazendo o zakat, dar esmola, para as pessoas mais pobres.

4º) Jejum durante o Ramadã para adquirir serenidade e aguçar a reflexão, isto é, durante o nono mês do calendário islâmico, o fiel deve se abster de alimentos entre a alvorada e o pôr do sol.

5º) Peregrinar para a cidade de Meca pelo menos uma vez na vida.

No mundo muçulmano, em que se encontram as pessoas adeptas da fé em um Deus único, Alá, em uma relação de submissão absoluta à sua vontade, encontramos os seguintes profetas: Adão, o escolhido de Alá; Noé, o pregador de Alá; Abraão, o amigo de Alá; Moisés, o porta-voz de Alá; Jesus, a palavra de Alá; Maomé, o profeta de Alá, sendo o último o responsável por trazer a revelação para este mundo.

Os muçulmanos concordam com as revelações presentes na Torá e nos Evangelhos, dados por Alá. Na cultura islâmica, o Corão é o texto fundamental. Existe um enunciado em árabe que é bastante frequente e que atesta um dos eixos fundamentais do mundo islâmico, Inshalá (Insha'Allah), algo como "que seja feita a vontade de Alá", ou, "se Deus quiser". No islamismo, assim como em outras tradições abraâmicas[13] monoteístas, como o judaísmo e o cristianismo, não podemos desconsiderar leituras pró-livre-arbítrio e interpretações pró-predestinação. De acordo com o arabista José Farhat, no Corão encontramos trechos como:

"Dize: Jamais nos ocorrerá o que Allah não nos tiver predestinado! Ele é nosso Protetor. Que os crentes confiem em Alá! Dize: Jamais."

"Em verdade, este Corão encaminha à senda mais reta e anuncia aos crentes benfeitores que obterão uma grande recompensa."

No primeiro enunciado, um tipo de formulação informa que tudo ocorre de acordo com a vontade de Alá, não havendo margem para o livre-arbítrio. No segundo,

---

[13] Abraão é o primeiro nome nos monoteísmos do judaísmo, cristianismo e islamismo.

O que é o luto

vemos que as boas ações são causas da entrada no paraíso; portanto, não haveria predestinação. Isso significa dizer que não existe livre-arbítrio irrestrito, mas tampouco existe um destino predeterminando. A leitura mais frequente é a de que devemos considerar a coexistência entre a soberania divina e a responsabilidade humana.

A partir desse brevíssimo panorama do islamismo, podemos tratar de um aspecto bastante relevante. Após a morte, a alma passa a aguardar o dia do juízo final para que possa ser interrogada a respeito da vida que levou e, caso seja desaprovada, vai para o inferno; em caso de aprovação, a alma ganha a vida eterna.

A morte não deve ser temida, mas encarada como uma realidade incontornável. Nesse contexto, como o luto é experimentado? A morte é entendida como um fenômeno do qual é impossível escapar e, assim, a relação diante da perda de algum ente querido deve ser encarada com discrição, calma e sabedoria. Existe uma ideia de que a alma da pessoa morta sofre quando familiares e amigos lamentam a sua partida. A convocação de alguém que já morreu, mesmo que seja feita de modo simbólico, não é adequada.

Quando, por exemplo, dizemos que alguém que morreu está presente ou que continua entre nós, fazemos uma convocação da pessoa. Esse comportamento não é bem visto no mundo muçulmano, ainda que seu princípio seja a celebração da memória de alguém. Isso porque essa noção distorce a realidade.

Talvez seja mais adequado falar do que alguém deixou como legado ou referência. Em termos da espiritualidade islâmica, é razoável defender que a convocação de alguém que já partiu é perturbadora para essa alma.

De acordo com a cultura muçulmana, o anjo da morte separa a alma do corpo. Como as almas não habitam o nosso mundo, convocar uma pessoa morta seria falta de sabedoria.

A prudência do Islã recomenda uma série de ações diante da morte de um ente querido. Em primeiro lugar, é preciso enterrar quem morre o mais rápido possível. O enterro deve ocorrer em até 24 horas, sendo idealmente feito poucas horas após a morte, e com obrigatoriedade de ser antes do pôr do sol.

Após a morte, a alma fica próxima ao corpo enquanto a matéria não for devolvida à terra. Por isso, enterrar o corpo é permitir que essa alma siga em frente. A religião islâmica proíbe a cremação, porque reduzir o corpo às cinzas é desrespeitoso. Em resumo, o corpo precisa ser alvo de gentileza, recebendo cuidados especializados, sendo lavado e depois enrolado em três lençóis brancos. No artigo "Rituais fúnebres no islã: notas sobre as comunidades muçulmanas no Brasil", de Gisele Fonseca Chagas, encontramos muitas referências sobre o assunto.

A lavagem do corpo inclui a retirada de todas as impurezas, como urina, fezes, sangue, sujeira e marcas. Durante esse processo, as partes íntimas devem ser cobertas por um lençol branco, e o corpo deve ficar deitado sobre o lado direito e virado para Meca.

Durante a primeira lavagem, são usadas folhas de lótus ou cereja. Na segunda lavagem, usa-se água com

O que é o luto

cânfora. Na terceira, somente água. Então, o corpo é secado e na sequência aplica-se pó de cânfora na testa, palmas das mãos, joelhos e dedos dos pés. O corpo é envolvido por um tecido branco, a mortalha chamada kafan. As pessoas que realizam esse procedimento o iniciam com uma oração e continuam orando durante todo o processo. Após o corpo estar completamente envolto em três lençóis brancos[14], pode-se realizar o enterro e a Salaatul Mayat – uma série de orações congregacionais.

O corpo vai para o caixão, simples e sem enfeites, destinado apenas para o transporte até o local de sepultamento. Então, é colocado diretamente na terra, sem a mortalha e deitado sobre o lado direito, com a cabeça na direção de Meca. Usam-se tijolos para impedir que o corpo saia dessa posição.

A procissão funeral é acompanhada de uma oração constante de pedido de perdão. É mais frequente que os funerais muçulmanos sejam frequentados apenas por homens. As mulheres ficam em casa e, do segundo ao sétimo dia, recebem visitas e celebram rituais de enlutamento com orações e leituras do Corão. Existe um tipo de período de acomodação da pessoa morta no Barzakh, mundo espiritual onde a alma permanece depois da morte e antes do juízo final.

Visitas ao cemitério não são encorajadas passados quarenta dias da morte, e as orações tornam-se menos intensas, porque se presume que a alma se acomodou

---

[14] Com a pandemia de covid-19, passou-se a usar cinco camadas de tecido, ao invés de três, visando evitar a propagação do vírus.

no Barzakh. Nessa realidade, a alma vive uma simulação do que a aguardará após o juízo final. Se foi uma boa pessoa, tem uma prévia do paraíso. Caso contrário, os ímpios têm uma primeira experiência do que é o inferno.

Apesar de uma variedade de interpretações devido ao contexto histórico e cultural em que o islamismo é praticado, vale a pena ressaltar o aspecto da aceitação da morte nessa religião. Não é conveniente se desesperar ou externar a revolta de forma agressiva.

Isso ocorre porque a cultura religiosa muçulmana é marcada pela aceitação dos desígnios de Alá. Não é possível subverter a ordem natural das coisas. O mais recomendado a fazer diante de uma perda é reconhecê-la e não estabelecer uma relação de negação da realidade.

É importante ressaltar a relevância de estudos que reforçam a pluralidade de manifestações do Islã, levando em conta aspectos culturais, locais e históricos. Como é de se esperar, as tradições sofrem influência ao longo do tempo, de forma que a prática do islamismo no Brasil difere da Indonésia, onde mais de 90% da população é muçulmana.

Sem contar as diferenças de tradições, por exemplo, existentes entre sunitas e xiitas. Sunitas defendem que o sucessor de Maomé deveria ser eleito e são adeptos de interpretações mais heterodoxas do texto sagrado. Já os xiitas, a princípio, se diferenciam dos sunitas por serem mais tradicionalistas e terem a crença de que o sucessor de Maomé deveria ter sido o seu genro, Ali (601-661).

Entretanto, o ponto em comum entre as diferentes tradições, no que tange ao luto, é a aceitação da perda

O que é o luto

e a busca por conviver com isso da melhor maneira possível. Quanto antes nos despedirmos daquele que se foi e aceitarmos as boas lembranças após a partida, melhor será para aquela alma e para aqueles que ficam. Não se trata de viver como se a perda não tivesse acontecido, mas de reorganizar a vida e seguir em frente após ter feito uma bela cerimônia de adeus.

Nessa cultura, é recomendada a escrita de um testamento, documento que pode ser redigido de próprio punho, que informe o que a pessoa deseja ser feito durante as cerimônias fúnebres.

A simples lição que aprendemos com esse ato é que as pessoas precisam lidar com a realidade da morte e aprender a pensar nela sem medo. Afinal, como diz o livro sagrado, "Toda alma provará o gosto da morte, então retornareis a Nós". No testamento, devem ser registradas a quantidade de orações e até de visitas que deseja receber.

Ali constam, também, o número de dias que a pessoa quer receber orações no túmulo, além de ações beneficentes que deseja que sejam feitas, como dar alimentos para pessoas em situação de insegurança alimentar e doar roupas para pessoas desabrigadas.

Como foi dito, as mulheres ficam com a incumbência de ficar em casa, recebendo parentes e pessoas amigas. Os homens da família são responsáveis por atividades públicas do funeral.

A forma com que a cultura islâmica lida com a morte, como um evento natural que ressalta a importância de cuidar para que a alma daqueles que amamos faça um percurso tranquilo, nos ensina muito sobre a aceitação de algo que é inevitável a todos aqueles que vivem.

Ao permitirem-se viver o luto dentro do período estabelecido no ritual e também ao falarem a respeito da morte antes que ela ocorra, os praticantes dessa religião passam por um processo de aquiescência, permitindo a tranquilidade da alma que se foi e a continuação da vida para aqueles que ficam.

CAPÍTULO 8

O luto no México: 2 de novembro é dia de festa

HAVIA UM ÚNICO SOL, um mundo e um deus que o governava. Esse, entretanto, não era o primeiro, já que existiram, anteriormente, quatro sóis que iluminavam mundos que antecederam o nosso e que acabaram por serem destruídos. Cada um desses mundos era habitado por um povo diferente e governado por uma divindade.

O primeiro mundo, governado por Tezcatlipoca, deus da magia, era habitado por gigantes, que acabaram sendo mortos por jaguares. O segundo mundo era habitado por humanos. Nele, entretanto, havia brigas constantes para obter mais nozes, fonte de alimento dessas pessoas. Aborrecido, o deus Quetzalcóatl, deus do vento e da criação, enviou um furacão que transformou todos em macacos e, por fim, acabaram por falecer.

125

O terceiro mundo era governado pelo deus Tlaloc, casado com a deusa Xochiquetzal. Tezcatlipoca sempre desejando o que não tinha, passou a lisonjear Xochiquetzal, deusa da beleza, e a levou consigo. Tlaloc, o deus da chuva, ficou tão triste que fez o sol Tletonatiuh brilhar e esquentar o mundo sem dividir seu tempo com a chuva. Após muita insistência para que fizesse voltar a chover, ele enviou uma chuva de fogo que matou a todos.

O quarto mundo era governado pela deusa Chalchiuhtlicue, deusa da água e da fertilidade. Os dois outros deuses astecas, ao verem a louvação constante dos humanos em relação a essa deusa, não conseguiram se conter. Tezcatlipoca e Quetzalcóatl se uniram para golpear Chalchiuhtlicue. Ela caiu e rachou o mundo. Seu peso fez com que as ondas se tornassem gigantes e inundassem tudo ao redor, sobrando apenas os seres que moravam nas águas.

O quinto mundo, o nosso, foi construído por todos os deuses, que se reuniram para criar novamente a humanidade. Para tal construção, era necessário recuperar os esqueletos a fim de fazer pessoas novas. Mictlantecuhtli, senhor da morte, governava Mictlan, submundo onde os esqueletos ficam guardados. Quetzalcóatl foi com o deus Xolotl, responsável por guiar as almas para Mictlan, seu irmão gêmeo, até o submundo e pediu os ossos em seu nome e de Tezcatlipoca. Mictlantecuhtli explicou que nada pode ser dado, tudo pode ser trocado e, assim, pediu que Quetzalcóatl tocasse uma concha enquanto dava quatro voltas em Mictlan.

A concha, entretanto, não tinha furos e, dessa forma, não produzia som. Quetzalcóatl se pôs a pensar, fez furos na concha e convidou abelhas para emitir o ruído. Mictlantecuhtli fingiu que aceitou a derrota, porém, enquanto Quetzalcóatl levava os ossos, o deus dos mortos decidiu interceptá-lo antes que chegasse até Tezcatlipoca. Mas quando seu exército de espíritos chegou até Quetzalcóatl, já era tarde. De posse dos ossos, Tezcatlipoca já estava fazendo gente para habitar o mundo.

Então, deu-se início a um jogo de perseguição entre as divindades. Ossos são capturados para fazer nascer pessoas e Mictlantecuhtli os captura de volta para levar ao reino dos mortos, fazendo com que as pessoas morram. A senhora Morte é implacável e se empenha a recuperar todos os esqueletos.

O Dia dos Mortos é uma data bastante peculiar no México. Data de festividades, no dia 2 de novembro as ruas ficam cheias e os cemitérios se transformam em locais de visitação. Um programa de família em que as pessoas levam presentes e ornamentam túmulos. Os festejos duram de 31 de outubro até 2 de novembro. Na virada do dia 31 de outubro para o dia 1º de novembro, rememora-se as crianças pequenas falecidas, o chamado "El dia dos Angelitos".

No dia 2, adolescentes, jovens, adultos e idosos são recordados e à mesa encontramos o pão dos mortos, uma iguaria que é consumida somente nessa época. Além disso, as pessoas fazem altares em suas casas, enfeitados com velas e incensos e decorados com fotos de entes queridos falecidos.

Quando o altar tem duas prateleiras, simboliza o céu e o inferno. No caso de três, temos duas opções: céu, purgatório e inferno, de acordo com a versão cristã católica apostólica romana, ou, paraíso do sol, terra da chuva e mundo das trevas, de acordo com a versão asteca.

Altares de sete níveis representam as etapas decisivas para deixar o mundo das trevas e morar no paraíso do sol. A escolha da quantidade de níveis diz respeito à tradição familiar. Algumas famílias católicas preferem ter três níveis, enquanto núcleos familiares mais ligados às culturas dos povos originários da América preferem o modelo asteca dos sete níveis.

Sem dúvida, o festejo, que conta com muitas luzes, pratos diversos e caveiras decoradas, possui, pelo menos, duas matrizes culturais. A primeira é de povos originários da América, tais como maias, olmecas e astecas. Estes, sem dúvida, foram bastante influentes.

A outra referência está na cosmovisão euro-cristã[15]. O Dia dos Mortos no México é uma espécie de reinvenção de elementos culturais astecas em um ambiente social regulado por valores ocidentais.

Na cosmopercepção asteca, existem três reinos para os quais as pessoas podem se dirigir após a morte. As divindades responsáveis por esses mundos são: Huitzilopochtli, Tlaloc e Mictlantecuhtli.

Huitzilopochtli, deus da guerra, governa o paraíso do sol, um local maravilhoso, e marcado pela atmosfera de alegria chamado Omeyocan.

Tlaloc, deus da chuva, governa a terra da chuva, Tlalocan – território de abundância e serenidade, onde se podia levar uma vida pós-morte feliz.

Mictlantecuhtli, o senhor da Morte, governa o terceiro mundo. Ele comanda com rigor uma terra sem luz, fria e infértil chamada Mictlan.

Há também um mundo específico só para crianças pequenas. Quando alguém morre na infância, vai para Tonacaquauhtitlan, uma espécie de jardim maravilhoso em que vivem indefinidamente livres como pássaros.

A maneira como as pessoas são designadas para cada mundo é bastante peculiar, uma vez que a perspectiva do povo asteca não se assemelha ao modo como muitas

---

[15] De acordo com Antônio Bispo dos Santos, trata-se de uma visão de mundo através da qual o imaginário se organiza por meio da monocultura, do monoteísmo e suas implicações, uma perspectiva binária e universalista marcada pelo ímpeto de colonizar, transformar os outros no seu espelho.

culturas estabelecem uma ligação entre os feitos na vida com o lugar para onde vamos após a morte.

Nos três monoteísmos mais conhecidos do mundo, judaísmo, cristianismo e islamismo, é frequente encontrarmos linhas interpretativas que, apesar da soberania divina, observam que existe uma responsabilidade humana e que as pessoas são julgadas pelos seus atos. As consequências de obedecer determinadas regras, observar e cumprir mandamentos e princípios podem ser a chave para entrar no paraíso, de acordo com diversos registros.

Já na cultura asteca, o que determina o destino de alguém depois da morte é a *causa mortis*. A maneira como uma pessoa morre definirá a sua morada no outro mundo. Aqui encontramos, especialmente no caso da terra do sol, uma diferença de gênero. Os homens mortos em batalha e as mulheres que morriam no parto iam para o reino de Huitzilopochtli, após quatro grandes ciclos de quatro anos, os mortos se transformavam em pássaros e voltavam ao mundo dos vivos nessa forma.

Os falecidos são diferenciados pelas funções atribuídas aos homens e às mulheres apenas na terra do sol, com o parto sendo próprio da natureza feminina e a guerra, uma arte masculina. Omeyocan é o lar de heroínas e de heróis.

Pessoas que morrem atingidas por um raio, afogadas ou de doenças causadas pelas águas seguiam para Tlalocan, onde podiam viver eternamente. Já as mortes naturais conduziam as pessoas para Mictlan, após quatro grandes ciclos, cada um formado pelos dezoito

O que é o luto

meses do ano asteca, as pessoas falecidas passavam por nove regiões em que cada uma simbolizava uma fase de decomposição. Nesse mundo, um tipo de "inferno", as provações ocorrem em várias etapas, o que implica em um processo para que a senhora Morte e seu esposo, o senhor do reino dos mortos, Mictlantecuhtli, aceitem que a alma dessa pessoa não seja extinta e desapareça por completo. As pessoas que tiveram mortes comuns precisam se esforçar e superar as etapas no mundo das trevas se não quiserem desaparecer para sempre.

Esses elementos culturais sobreviveram e se rearticularam após uma sangrenta invasão realizada por espanhóis, que, entre 1519 e 1521, tomaram as terras astecas. A colonização redefiniu fronteiras, mas a cultura asteca e dos povos originários permanece, ainda que incorporada pelo mundo branco hispânico responsável por organizar as relações de poder no México. Os rituais astecas fornecem condições para que essa sociedade vivencie o luto com alegria.

No contexto mexicano, o luto é um compromisso de familiares com a memória da pessoa morta. Nós estamos diante de um exercício periódico de lembrança como forma de manter a sobrevida. O processo de luto no México tem sido alvo de várias leituras, tais como nos filmes *Festa no céu* e *Viva: A vida é uma festa*. Nas duas animações, encontramos almas buscando não serem extintas, isto é, esquecidas. Os percursos do personagem de Manolo em *Festa no céu* e de Miguel em *Viva* têm como aspectos comuns a realização de um sonho durante a vida e, ao mesmo tempo, uma travessia no mundo dos mortos, na tentativa de vencer os desafios do senhor do mundo dos mortos e da senhora Morte.

No México, o luto é um exercício periódico realizado em família e com data definida. Os ancestrais e familiares próximos dos que partiram são lembrados e convidados a banquetear com os vivos. O luto no México é um convite ao convívio, fazendo com que a família dedique uma época no ano para lidar com a perda, sem, no entanto, se esquecer de quem partiu.

A manutenção desses laços vem de uma relação com a ancestralidade. O luto enquanto convívio com a perda feito em períodos específicos estabelece proximidade com parentes que não conhecemos. Uma neta pode comer pão dos mortos com um avô que não conheceu.

O que está em jogo é a preservação de laços familiares, buscando diminuir as distâncias e reconhecer com mais precisão as raízes familiares, assim como entender sonhos, aspirações e caminhos que foram tomados por aqueles que aqui estiveram antes.

A articulação entre a cultura católica e o mundo asteca propicia algo bem peculiar durante o luto, que é a celebração dos feitos dos ancestrais. Nesse contexto, a morte e o luto são fenômenos inseridos no cotidiano, e temas sobre os quais nos debruçamos periodicamente para que possamos estabelecer uma compreensão afetiva da nossa história.

Numa cultura que articula visões de mundo asteca e de povos originários da América com o modelo civilizatório euro-cristão dos colonizadores espanhóis, o luto se configura como uma festa. A morte de alguém é compreendida como uma experiência que precisa ser celebrada periodicamente para que a alma encontre paz.

Os rituais celebrados pelos descendentes são relevantes porque são feitos não somente por aqueles que conheceram os falecidos, mas por toda a família. Portanto, deixar descendentes torna mais viável que a alma não seja esquecida após a sua morte.

O mais importante é que as pessoas mortas mantenham uma relação com o mundo dos vivos. As pessoas falecidas devem ter suas memórias celebradas, e a beleza do Dia dos Mortos está no encontro entre quem está aqui e quem nos deixou. O dia 2 de novembro funciona como uma data em que as dimensões dos mundos dos vivos e mortos se encontram, gerando a oportunidade para que possamos vivenciar a morte como algo que faz parte da vida em todos os sentidos.

CAPÍTULO 9

O barco em fogo no mar: a morte e o luto na mitologia nórdica

NO PRINCÍPIO EXISTIAM DOIS mundos: Muspelheim, o reino de fogo, e Niflheim, o reino de gelo. O primeiro reino tinha o céu da cor das chamas do fogo e inúmeros vulcões. Já o mundo de gelo era constituído de rios venenosos e de uma atmosfera escura, coberto por um nevoeiro denso e extenso.

Entre esses dois mundos existia o Ginnungagap, o abismo vazio. Com o passar do tempo, cada um dos dois mundos começou a expandir cada vez mais, até que acabaram por se chocar. Do encontro entre o fogo e o gelo, surgiu uma explosão cósmica que gerou um gigante chamado Ymir e a vaca gigante Audumbla. Enquanto a vaca lambia montanhas de gelo, o gigante ficou adormecido, se alimentando dos quatro rios de leite que brotavam das tetas de Audumbla.

Do suor desse gigante, surgiu um ser de seis cabeças, uma gigante fêmea e um gigante macho. Enquanto isso, conforme Audumbla lambia montanhas de gelo e o bloco gelado desaparecia, nascia um ser novo, Buri, ancestral de todas as divindades. De Buri veio Borr, que juntou-se com Bestla, gigante neta de Ymir. O casal teve três filhos, Odin, Vili e Vé, os primeiros da classe aesir, panteão principal dos deuses.

Deuses e gigantes passaram a conviver no vazio existente entre os mundos de gelo e fogo. Com o passar do tempo, começaram a surgir entre eles hostilidades que culminaram em uma guerra sangrenta que acabou com o triunfo dos deuses. A maioria dos gigantes perdeu a batalha e a vida. Apenas um casal de gigantes sobreviveu e se mudou, fundando um novo mundo.

Ginnungagap foi transformada no mundo dos humanos, Midgard, pelos três irmãos Odin, Vili e Vé, a partir da carne de Ymir. O sangue do gigante transformou-se nas águas dos rios, mares, oceanos; seus ossos viraram montanhas; do cérebro vieram o céu e as nuvens. O sol, a lua e as estrelas surgiram do atrito em Muspelheim, que transformou as faíscas do reino de fogo em corpos celestes.

Os três irmãos andaram por Midgard pela costa marítima e encontraram dois troncos de árvores de espécies diferentes, sendo um de freixo e o outro de videira.

O que é o luto

Odin soprou os orifícios dos troncos e deu-lhes vida; Vili lhes deu afetos, a capacidade de sentir e pensar; e Vé deu os sentidos, esculpindo um homem a partir do freixo e uma mulher da videira. Eles receberam os nomes de Ask e Embla e foram habitar Midgard.

Mas outros seres passaram a viver nos nove mundos. Uma árvore chamada Yggdrasil, a árvore do mundo, passou a sustentar os nove reinos: Midgard (lar dos humanos), Asgard (habitat dos deuses aesir), Niflheim[16] (reino de gelo, habitado pelos gigantes de gelo), Vanaheim (reino das divindades vanir – deusas e deuses que simbolizam manifestações da natureza), Svartalfheim/Nidavellir[17] (reino habitado pelos elfos sombrios e pelos anões), Jotunheim (reino dos gigantes da montanha), Muspelheim (reino de fogo habitado pelos gigantes de fogo), Álfheim (reino dos elfos) e Helheim[18] (reino dos mortos governado pela deusa Hel).

No topo da gigantesca árvore, vive a águia Vedrfolnir. A árvore tem três raízes que estão fincadas em Asgard, Jotunheim e Niflheim. Ao redor de uma das três raízes está o dragão Nidhoog, roendo-a incansavelmente. O dragão habita o sul de Helheim.

Loki, conhecido como divindade da trapaça e confusão, é esposo da deusa Sigyn, deusa da fidelidade,

---

[16] Em algumas leituras é identificado com o Helheim (o reino dos mortos), ou ainda, Helheim fica dentro do seu território.

[17] Em algumas versões Svartalfheim é o local onde Nivadellir (reino dos anões) fica localizado.

[18] É possível encontrar Helheim com a designação de Helgardh.

mas tem uma namorada chamada Angrboda, uma gigante. Com ela teve, ao mesmo tempo, Fenrir, um lobo gigante, Jörmungandr, uma serpente colossal e Hel, uma menina viva-morta. Ela é metade bela, com o corpo em perfeito estado, e metade morta, em estado de putrefação. Hel é a guardiã do mundo dos mortos. Todas as pessoas que morrem seguem para o seu reino, Helheim, com exceção dos guerreiros e dos heróis que morrem em batalha e recebem o direito de habitar Valhala ou Folkvang, ambos em Asgard.

Os guerreiros encaminhados para Valhala desfrutam de paz e sossego, enquanto aqueles que vão para Folkvang, sob o governo da deusa do amor, Freya, se preparam para a batalha final que anunciará o crepúsculo dos deuses, o Ragnarök. Em Helheim, após o julgamento feito por Hel, os mortos são separados de acordo com os seus feitos e sua vida e passam a aguardar pelo Ragnarök.

O que é denominado de mitologia nórdica recobre narrativas alemãs e do complexo territorial escandinavo hoje composto por Suécia, Noruega, Finlândia, Islândia e Dinamarca. Uma das principais fontes da mitologia nórdica são os registros do poeta e historiador islândes Snorri Sturluson, agrupados em forma de prosa na

Edda. O poeta viveu no século XIII e organizou uma narrativa linear baseada na *Edda poética*, um conjunto de poemas apócrifos, sendo os mais conhecidos o "Völuspá" e "Hávamál".

A partir dessas leituras, podemos interpretar algumas ideias para compreender o luto na cosmovisão nórdica. Nesse complexo cultural há uma série de personagens que nos ajudam a desenhar os limites entre o mundo dos vivos e o fim da vida. Um dos elementos mais conhecidos no contexto cultural nórdico é o Ragnarök, uma espécie de batalha final que acaba com o mundo e abre caminho para uma nova realidade.

Imagine um barco no mar, cercado de lenha. Deitado nele está um guerreiro viking, munido com seu capacete, sua espada e outros artefatos de guerra. Em terra estão guerreiros valorosos, que travaram muitas batalhas. Todos se encontram perfilados e, então, começam a molhar as pontas de suas flechas no fogo.

Ao sinal da trombeta, todos atiram na direção do barco, que pega fogo, então ocorre a despedida do grande guerreiro. Esta poderia ser tanto a descrição de um acontecimento na região da Escandinávia entre os anos oitocentos e mil quanto um retrato do mito nórdico que é representado no drama musical do alemão Richard Wagner, *O anel do Nibelungo*. Entre 1848 e 1874, o músico escreveu *O ouro do Reno*, *A Valquíria*, *Siegfried* e *O crepúsculo dos deuses*. A primeira apresentação completa de sua obra aconteceu em 1876, na cidade de Bayreuth, localizada do norte da Baviera na Alemanha.

Em um dado momento da ópera, o herói, Siegfried, está sobre a pira dentro de um belíssimo barco e quando o fogo começa, a bela Brunilde se joga e acompanha seu amado. Esse fogo destrói todos os nove mundos.

Na mitologia nórdica, não existe só um lugar como destino de quem morre e, como os estudos a respeito dos vikings informam, os funerais eram variados. Somente homens muito ilustres recebiam o tratamento acima descrito.

Além do reino dos mortos, um homem pode ir para a terra dos deuses aesir, o que é direito de um herói. O funeral viking é a materialização de um fenômeno cultural e está relacionado com a forma que se deve viver. De alguma maneira, o que é mais importante na hora da morte é o modo como a pessoa morre.

A história de Siegfried e Brunilde retrata um tratamento diferente entre homens e mulheres. O homem pode ser um herói, mas a missão da mulher é tida como secundária. Cabe ao herói matar o dragão, resgatar a donzela e guerrear no campo de batalha, morrendo com a espada empunhada. O heroísmo não deixa de ser uma metáfora para um determinado narcisismo estimulado entre os homens.

Aqui percebemos como a estrutura do patriarcado interfere na maneira como morte e luto podem ser lidos. O patriarcado é um sistema de poder organizado em torno do arbítrio masculino, em que os homens exercem domínio sobre as mulheres e disputam liderança e controle político entre si.

As mulheres, que têm papel secundário em uma sociedade patriarcal, se organizam em função dos desejos dos homens. Um herói, em certa medida, não deixa de ser um exemplo de narcisismo. O chamado Transtorno de Personalidade Narcisista (TPN) pode ser definido como um padrão comportamental que envolve grandiosidade, necessidade de admiração, adulação, baixa capacidade de estabelecer conexão empática com os outros, assim como a necessidade de ser dominante.

Uma pessoa que não conseguiu recursos para lidar com a rejeição pode desenvolver a raiva e o egocentrismo como formas de proteção. O herói possui elementos que compõem aquilo que podemos designar como virilidade, como a capacidade de conter as emoções e enaltecer força física. Essas características são vistas como masculinas e motivam que um homem seja respeitado.

O mito nórdico informa que homens e mulheres devem levar vidas diferentes para uma morte gloriosa. A morte de um homem pode ser gloriosa independentemente de um relacionamento afetivo. No caso das mulheres, a morte é vista como gloriosa quando relacionada com o fato de ter sido escolhida por um guerreiro bravo e valoroso.

O sexismo define lugares sociais demarcados, fronteiras rígidas entre mulheres e homens. Essa compreensão binária estrutura a relação com a morte, na medida em que estabelece como devemos levar a vida. Um homem deve se esforçar para ser um herói, enquanto uma mulher deve ser filha de um "rei" e cobiçada pelo herói, tornando-se esposa deste para que tenha direito a uma morte gloriosa.

O reino dos mortos governado por Hel é para as mortes comuns. Os dramas musicais de Wagner ajudam a compreender o mundo da mitologia nórdica e definem os papéis dos homens e das mulheres. Existem modelos que devem ser buscados por ambos.

Não é difícil interpretar que, sob o prisma do mito nórdico, cabe aos homens se esforçarem para viver bravamente, morrendo após as grandes batalhas. O mundo se torna a casa dele.

No caso das mulheres, interpreto as valquírias como referências relevantes. Obviamente, é difícil para uma mortal se tornar uma deusa, mas o que está em jogo é o comportamento das filhas de Odin, que são virgens e puras e têm a incumbência de levar as almas dos guerreiros para Asgard. Mulheres devem buscar uma vida imaculada e dar apoio ao guerreiro. Assim, cabe a interpretação de que uma vida justa, no caso das mulheres, está relacionada ao casamento. É motivo de glória quando ela é desposada por um herói.

A morte não é algo fora do comum no contexto escandinavo e do norte da Alemanha. Os personagens históricos vikings estavam envolvidos em batalhas e pilhagens, vivendo no contexto da escassez de recursos.

Na série canadense *Vikings*, do canal History Channel, lançada em 2013, escrita pelo inglês Michael Hirst, cuja trama tem como foco o rei Ragnar Lodbrok, personagem lendário das sagas nórdicas, tem-se uma boa pesquisa histórica como pano de fundo para o enredo de ação que se desenrola.

O que é o luto

Lodbrok teria dito que Odin deu um olho pela sabedoria, mas ele daria muito mais. Nesse contexto, uma vida heroica se assemelha ao narcisismo fálico[19], um tipo de caráter em que a pessoa, geralmente um homem, pretende se impor de todas as maneiras, guiado pela raiva por ter visto a sua criança interior morrer logo cedo.

Os relatos sobre a vida do viking Ragnar Lodbrok apontam que ele se casou três vezes, além de ter tido vários relacionamentos paralelos durante os períodos em que estava casado. A sua primeira esposa, Lagertha era uma guerreira que foi escudeira do marido. Os conflitos entre eles eram constantes, pois um homem guerreiro, isto é, narcisista fálico, não suporta ser questionado.

Os estudos de Wilhelm Reich definem o narcisismo fálico como a capacidade de uma pessoa de se envolver apenas consigo mesma. Ela se relaciona com outras para ser reconhecida como muito especial e deseja coisas grandes para poder exibi-las.

Na mitologia nórdica, um guerreiro usa sua espada para vencer o dragão e exibe a cabeça do animal como sinal do seu poder. Ele deve assumir o mais cedo possível as responsabilidades e afirmar a sua força, não demonstrar pena ou compaixão, isto é, não ter empatia, e se conter emocionalmente.

A forma mais digna de morrer é depois de ter vivido uma existência subjugando inimigos e vencendo todos

---

[19] De acordo com Wilhem Reich, narcisismo fálico é um tipo de caráter de quem usa a raiva devido à frustração na infância para se afirmar, muito competitivo e conquistador, reprime o amor, teme fracassar e busca incansavelmente o poder.

os desafios. Morrer vale a pena se a vida tiver sido rígida e afirmativa, sem demonstração de medo. Foi desse modo que Sigfried viveu. Um herói atrás de aventuras, sem medo de passar pela muralha de fogo ou de enfrentar um dragão feroz.

Nesse contexto cultural, o luto está na lembrança dos momentos gloriosos que a pessoa falecida viveu. Um funeral digno é concedido somente àqueles que foram mais valentes em vencer os grandes desafios e às mulheres desejadas por esses homens. Um modelo patriarcal e sexista que nos informa que o mais importante antes de morrer está em se afirmar como forte e poderoso.

A partir desse passeio pela cultura nórdica, podemos entender que há ferramentas culturais do mundo viking que podem ser revisitadas diante da experiência de perder uma pessoa amada?

A resposta é sim. O que aqui denominamos de cultura nórdica nos propõe uma relação guerreira diante dos desafios da vida e da morte. Essa cosmopercepção nos convida para uma compreensão da vida como uma guerra ininterrupta, formada por muitas batalhas.

Sem dúvida, existe uma mensagem de que devemos conduzir a nossa vida como uma batalha da qual podemos não sair vivos. A qualquer momento, algo pode acontecer para ceifar nossa vida. É uma relação trágica que demonstra que nosso destino já está definido como a morte em combate.

A vida é um fenômeno que termina com a morte. Ao nutrirmos uma relação guerreira com a vida, entendemos que não podemos poupar nossas forças e que devemos erguer a cabeça para lutar. Diante da certeza de que morreremos, o temor da morte se torna um impedimento. Sabemos que iremos morrer, apesar de sermos incapazes de nos certificarmos de quando será a hora derradeira.

O que podemos descrever como espírito viking diante da morte e do luto é uma relação guerreira. O que está em jogo é a simples ideia de que o luto se baseia no cultivo de uma virtude que funciona como resposta ao medo da morte, a coragem. Essa virtude aristotélica[20] é o meio-termo entre a temeridade e a covardia. Abaixo segue o quadro elaborado pelo filósofo estagirita Aristóteles:

Vício por deficiência	Virtude	Vício por excesso
Covardia	Coragem	Temeridade
Insensibilidade	Temperança	Libertinagem
Avareza	Liberalidade	Esbanjamento
Vileza	Magnificência	Vulgaridade
Modéstia	Respeito próprio	Vaidade
Moleza	Prudência	Ambição
Indiferença	Gentileza	Irascibilidade
Descrédito próprio	Veracidade	Orgulho
Rusticidade	Agudeza de espírito	Zombaria
Enfado	Amizade	Condescendência
Desavergonhado	Modéstia	Timidez
Malevolência	Justa indignação	Inveja

---

[20] Aristóteles (384 a.C - 322 a.C.) sistematizou suas reflexões filosóficas na obra *Ética a Nicômaco*.

A relação com o luto exige que tenhamos a mesma coragem que os vikings precisavam ter tanto para viver quanto para morrer. Devemos enfrentar o luto com o espírito altivo.

A mensagem é a de que devemos encarar os desafios que aparecem como se fossem a nossa última batalha. No caso específico do luto, precisamos aprender a lutar contra os aspectos do sentimento que podem paralisar nossas ações.

Se a vida exige movimentação, então devemos ter atenção ao nosso sentido de alerta para não nos deixarmos dominar pelos ataques vindouros. Precisamos de força para vencer os perigos, e algumas emoções podem nos enfraquecer. O luto, entretanto, não deve diminuir a nossa capacidade de enfrentar os desafios do mundo. Para um viking, nós necessitamos continuar avançando corajosamente sem recuar, porque as batalhas não terminam nem mesmo depois da morte.

CAPÍTULO 10

A deusa Kali: a morte e o luto na cultura hindu

DEVAS (DEUSAS, DEUSES, SEMIDEUSAS e semideuses) e asuras (demônios) se enfrentavam desde o início dos tempos. Um século de batalhas se passou até que devas sofreram uma derrota.

Mahishasura, filho de Rambha, rei dos asuras, se apoderou dos poderes de Indra, rei das divindades, e de alguns devas, mais especificamente Agni, Varuna, Surya e Yama. Com os corações desolados, decidiram ir até Vishnu, deus que mantém o mundo, em busca de socorro.

Ele convidou Brahma, deus criador, e Shiva, deus da destruição e renovação, para que unissem suas forças em uma poderosa meditação chamada shaktis.

Aos poucos, uma luz intensa começou a surgir e se transformar em uma divindade feminina que brilhava como mil sóis incandescentes, irradiando uma atmosfera de belos sentimentos. Com o poder unido dos devas emergiu, resplandecente, Durga. Ela recebe o japamala[21] e o licor da imortalidade de Brahma, o tridente de Shiva, chamado trishula, e o disco de Vishnu, o chakra. Além de receber dos semideuses a concha de Varuna, a lança de Agni, o raio de Indra, o bastão de Yama, os raios dourados de Surya e o leão encantado de Himavat.

Durga é intitulada a grande mãe. O seu riso enche todos os mundos de graça, os seus passos balançam a terra e fazem as águas se moverem inquietas. Mahishasura, o demônio que conquistou o poder sobre o universo, acompanha os ruídos com seus ouvidos aguçados e observa os oceanos e rios em alvoroço. Ele, então, avista Durga brilhando mais que todos os sóis do universo juntos. Enfurecido, ele ordena um ataque. Demônios e guerreiros surgem sob suas ordens e se lançam na direção de Durga.

A grande mãe acende um círculo de fogo ao seu redor, e a barreira criada serve como forma de proteção, de modo que ninguém consegue se aproximar. Os semideuses e guerreiros despertos são chamados por Durga e se lançam contra os demônios com vigor. A potência do ataque é tão impactante que os demônios e guerreiros de Mahishasura em pouco tempo se dividem em três classes: mortos, feridos e fugitivos.

---

[21] Japamala consiste em um artefato sagrado, um cordão feito de contas cuja função é inserir praticantes em um estado meditativo ou de oração.

O que é o luto

Durga, montada sobre o leão, sopra a concha dada por Varuna para anunciar a sua vitória. Então, Mahishasura envia Raktabija, o demônio, para atacar o exército de Durga. Raktabija tem um poder extraordinário: sempre que é ferido e uma gota de seu sangue toca o solo, surge um novo Raktabija. Desse modo, os guerreiros de Durga são abatidos pelos muitos demônios. O exército de inimigos cresce tanto que cerca as guerreiras e guerreiros de Durga. Mahishasura gargalha como se pressentisse sua vitória.

Durga, então, entra em meditação e se ilumina ainda mais. Quando a luminosidade começa a se dissipar, ela vai se transformando em Kali[22], também reconhecida como o aspecto feminino de Kala, o tempo, ou a expressão material de poderes extraordinários.

Kali reúne em si o poder da criação, da preservação e da aniquilação. A deusa da destruição e do renascimento tem as línguas de Agni. Com um poder que somente ela possui, impede que as gotas de sangue do ferimento de Raktabija caiam no solo. Enquanto decepa as cabeças dos demônios, sendo muito vaidosa, ela prepara para si um colar com as cabeças.

Kali, acompanhada de um prato e uma espada, se alimenta do sangue. Ela é a manifestação da morte,

---

[22] Em algumas leituras, Kali é uma manifestação da deusa Pavarti, esposa de Shiva. Nós também encontramos relatos de que Kali seja uma expressão do próprio Shiva. Em outra versão, Kali é esposa de Shava, o aspecto inerte de Shiva, isto é, o seu cadáver. Aqui optamos por uma versão mais frequente. As versões são interpretações referentes às doutrinas.

não como um fim em si, mas como a renovação. E nos ensina que nada que nasce dura para sempre, nem mesmo o fim.

Apesar de ser um país multicultural, a Índia, em certa medida, tem um eixo que atravessa a maioria das suas tradições. Religiosidade e filosofia mantêm uma relação íntima. A religião pode ser compreendida como um recurso para enfrentar o maior problema da existência, o sofrimento.

A partir de algumas reflexões de Dilip Loundo, doutor em filosofia indiana pela Universidade de Mumbai, nós podemos designar que toda religião é um esforço de superação do sofrimento, e a filosofia é um exercício racional que atravessa uma dimensão profunda da religiosidade na medida em que a atividade filosófica analisa a relação entre sofrimento e ignorância.

A pergunta que devemos fazer é: por que estamos disponíveis para o sofrimento? Ou, ainda, qual o fundamento do sofrimento na existência? As questões da filosofia têm uma natureza semelhante ao problema religioso, pois trata-se de um obstáculo perceptivo. Os seres humanos têm dificuldade de ter acesso ao

O que é o luto

mundo tal como ele é e tomam a fantasia como se fosse realidade.

Uma hipótese que pode explicar o sofrimento é o fato de sermos ignorantes a respeito da natureza da realidade. O hinduísmo é, ao mesmo tempo, um fenômeno religioso e um sistema filosófico que se debruça sobre as causas do sofrimento. O termo "hinduísmo", que tem origem no nome do rio Indo, em torno do qual invasores ingleses observaram as práticas rituais, não é um consenso. A palavra foi ressignificada por adeptos das mais diversas formas de religiosidade hindu.

O que aqui denominamos hinduísmo é uma cultura religiosa e também filosófica baseada nos *Vedas*[23], *Brahmanas*[24], *Upanishads*[25], *Ramayana*[26] e *Mahabharata*[27] (*Bhagavad Gita*[28]). Hinduísmo é um conjunto de sistemas religiosos politeístas que conta com três divindades fundamentais, Brahma (criador), Vishnu (mantenedor) e Shiva (destruidor). Ao mesmo tempo, trata-se de uma tradição pluralista, conjunto de culturas que não tem um fundador específico.

Uma das formulações do hinduísmo pode ser descrita como a pluralidade de formas com que podemos perceber Deus e a existência de vários caminhos para

---

[23] Textos mais antigos do hinduísmo que influenciaram outras religiões, como o budismo.
[24] Cada um dos comentários em prosa do Vedas.
[25] Parte das escrituras que discutem a religião Hindu.
[26] Épico sânscrito atribuído ao poeta Valmiki.
[27] Um dos maiores épicos clássicos da Índia.
[28] Texto religioso Hindu escrito em sânscrito, que faz parte do *Mahabharata*.

nos encontrarmos com Ele dentro de nós mesmos. Conhecimento, comportamento ético-moral adequado e devoção às divindades são maneiras de alcançar a libertação do ciclo chamado Samsara, em que os seres humanos se encontram prisioneiros dos seus desejos. Então, o desejo se liga à fantasia e esta se encontra em colisão com o mundo real. Afinal, se no contexto do hinduísmo existem muitas tradições relacionadas ao funeral e diversos sistemas de luto, Sri Ramakrishna (1836 -1886) tem toda razão ao dizer que a quantidade de divindades é a mesma de pessoas devotas.

Durante a cerimônia do funeral, hindus são cremados e têm os ossos despejados nas águas para que a purificação se torne completa. Muitas vezes, as cinzas são lançadas no rio Ganges.

O funeral deve ser um evento em que a alegria esteja acima da tristeza, porque se trata de um momento que antecede o renascimento. Mas existe uma questão anterior ao luto, que é a concepção da morte. No contexto cultural do hinduísmo, a angústia da humanidade diante da morte e o tabu envolvendo o assunto é sinal de uma "compreensão inconsciente" de que a morte é uma etapa da vida. Nós não aceitamos a morte porque temos uma intuição de que a alma é imortal.

O sofrimento diante da morte está ligado ao nosso apego ao mundo material e, sobretudo a um desejo infantil de conter a impermanência da realidade, regra implacável, uma vez que o tempo passa e transforma as coisas. Como escreveu o poeta português Fernando Pessoa em "Tabacaria", com o heterônimo de Álvaro de Campos:

O que é o luto

Com a morte a pôr umidade nas paredes e cabelos brancos nos homens,
Com o Destino a conduzir a carroça de tudo pela estrada de nada.

O tempo, kala, assim como mahakala, que é o tempo transcendental, é implacável. O corpo não resiste ao fluxo incessante de transformações. O tempo mahakala é uma espécie de proto-tempo, tempo ontológico que não pode ser medido da mesma forma que o kala. Por exemplo, as horas fazem parte do tempo kala, assim como os dias, meses e anos. No caso do tempo transcendental, essa medição não pode ser feita.

Uma das lições mais frequentes nos textos sagrados e filosóficos do hinduísmo insiste em reforçar que nossa identidade não é material e o eu não deve ser confundido com o corpo. Sri Krishna ensina que a alma não desaparece com o corpo.

No hinduísmo existe um fenômeno chamado de transmigração, em que, após a morte do corpo, a alma passa a habitar um outro corpo. Uma frase que sintetiza bem essa ideia está no *Bhagavad Gita*: "certa é a morte do que nasce, e certo é o nascimento do que morre".

A morte não é a extinção da alma e, por isso, a relação que estabelecemos de apego com o eu gera um problema, revelando a atração por coisas transitórias. É preciso se desapegar das ilusões, o que não significa deixar de se envolver.

Conforme nos desapegamos, não tratamos as coisas como se fossem nossas ou dos outros e deixamos de nos relacionar com elas como se fossem objetos, passando a compartilhar as experiências e a nos sentirmos integrados às coisas.

O hinduísmo propõe uma experiência existencial, isto é, uma disposição diante da vida que nos convida a abraçar o mundo. A partir daí, a realidade inevitável da morte ganha uma nova estrada na nossa percepção. Nós começamos a viver de uma forma liberada das ilusões dos desejos. Não é que deixemos de desejar, mas não ficamos frustrados com um sonho que não se realizou.

O hinduísmo tem um conjunto de mensagens a respeito da morte e do luto. É preciso compreender a concepção de vida, a noção de realidade e o conhecimento como aspectos chave do problema da existência. Destaco aqui três ideias para descrever o sistema filosófico-religioso hindu, que estão presentes direta ou indiretamente em todas as religiões organizadas dentro do conceito guarda-chuva de hinduísmo.

De acordo com o cientista da religião Dilip Loundo, os três conceitos são: darma, samsara e carma. Darma significa, em sânscrito, algo como uma lei natural, anterior à separação entre natureza e cultura, matéria e espírito, e está presente em todo universo, sendo o ritmo da vida e do mundo. Nada deve ser realizado fora desse ritmo e uma pessoa que não vive conforme o darma se assemelha a alguém que entra em um grupo de dança e não consegue repetir os mesmos movimentos que o restante do grupo.

Samsara pode ser descrito como o ciclo ininterrupto de nascimento, morte e renascimento, um fluxo contínuo de ilusões. O ritmo da vida se dá sob o véu de Maia, as penumbras da deusa da ilusão. Desejamos alguma coisa e supomos que nossa felicidade está naquilo que aspiramos; contudo, após conquistarmos o que queríamos, as expectativas são frustradas mais cedo ou mais tarde. Na língua sânscrita, samsara quer dizer algo como fluxo contínuo.

Carma diz respeito às ações e reações. A palavra na língua sagrada do mundo indiano é karma, isto é, reação. Os efeitos do que fazemos são inevitáveis, de modo que sempre colhemos os frutos dos nossos atos. Somos efeitos das nossas próprias causas em interação com outras causas incontáveis que passam pelos nossos caminhos.

As ações produzem três tipos de consequências: boas, ruins e neutras. Além desses aspectos, o hinduísmo gira, como dissemos anteriormente, em torno do entendimento de que a realidade é governada por três potências: criação, manutenção e destruição/renovação, ou seja, Brahma, Vishnu e Shiva.

Para além do luto, um ensinamento ainda mais relevante do hinduísmo é a relação pacífica com a morte. A convicção de que a vida não é finita e tampouco limitada ao período que estamos aqui no planeta é a chave.

A postura de uma pessoa enlutada deve ser alegre, pois a tristeza atrapalha o percurso da alma de quem morreu. Se uma pessoa está convicta dos ensinamentos dos *Vedas* e não tem dúvidas a respeito da transmigração das almas e da possibilidade de moksha, plena libertação do ciclo de nascimento e renascimento, não há motivo para lamentar ou temer a morte.

O fenômeno da transmigração das almas mencionado anteriormente é diferente da reencarnação, que remete ao espiritismo sistematizado por Allan Kardec e indica que almas humanas renascem como seres humanos.

No caso da transmigração das almas, uma pessoa pode renascer tanto como um animal quanto como um semideus. Caso tenha atingido a libertação completa, não precisará renascer no ciclo incessante de ilusões do samsara e nem mesmo criar mais carma, seja negativo ou positivo. O carma negativo nos joga mais ainda no reino de samsara, enquanto o carma positivo pode nos transformar em devas. De qualquer forma, ficamos presos à existência.

O objetivo fundamental das leituras filosóficas e religiosas deve ser a busca pela libertação, ou seja, de se libertar do ciclo de nascimento e morte. O medo da morte, o apego às coisas materiais, o desejo de se insurgir contra a impermanência das coisas são obstáculos à libertação.

Para que uma pessoa faça a sua passagem tranquilamente, aqueles que estão de luto não devem se apegar ao passado. A grande lição do hinduísmo é o desapego, que não significa se afastar de tudo, isolar-se, o desapego é uma atitude fundamental para lidar com a morte e com o luto. Como mencionado, é a ignorância que nos leva ao sofrimento. O mal-estar diante do luto está ligado à ausência de conhecimento profundo sobre a realidade. A ilusão de que a vida material pode ser infinita, de que nosso estado de humor não vai se transformar e de que vamos ter um momento digno de filmes, o

O que é o luto

famoso "felizes para sempre", é fruto da ignorância. E o oposto também é verdade, já que o "infelizes para sempre" também é irreal.

O desapego é uma postura religiosa e até filosófica que nos leva a modificar a nossa percepção sobre a realidade. É, ao mesmo tempo, uma postura ética e uma posição cognitiva que traz tanto uma forma de agir como um modo de pensar e interpretar o mundo. Já o apego cria um problema grave, pois, à medida que nos apegamos, ficamos obcecados pelo nosso ego e por objetos. Esse tipo de obsessão dificulta a nossa separação das coisas. O desapego é a renúncia de guiar o nosso desejo pela fantasia que inventa uma realidade irreal.

A questão é que o desapego – enquanto postura ética – nos leva a nos desprendermos de uma visão equivocada sobre as coisas. A nossa capacidade de encarar o mundo como ele é pode nos dar mais ferramentas para resolver os problemas. Nesse sentido, em uma perspectiva profunda e fundamentada pelo *Upanishads* e pelo *Bhagavad Gita*, a morte de uma pessoa importante na nossa vida é um acontecimento como qualquer outro e nos convoca para uma nova ação.

Por exemplo, a realidade de viver sem a presença de alguém que amávamos e cuja memória permanece em nosso coração é dura, mas não precisamos recusar a dor e a saudade. Podemos mudar o vínculo com o que perdemos. O sofrimento é causado quando queremos nos relacionar com uma pessoa morta como se ela estivesse viva. Essa é uma lição dada pela deusa Kali ao não permitir que os fantasmas do demônio Raktabija se multipliquem. Em outras palavras: não é conveniente, não é saudável, não é ético viver o presente como se estivéssemos no passado, ou mesmo no futuro.

Podemos encarar uma situação difícil de frente, chorando e reconhecendo aquilo que sentimos, pensamos e a forma como agimos, mas sempre nos baseando na verdade.

O ato filosófico-religioso de se desapegar é uma lição hinduísta muito bonita, um alento aos corações sufocados. Pode parecer contraditório afirmar o desapego como uma boa ferramenta para lidar com o luto. Mas por meio dele abandonamos o desejo de controlar as coisas, desistimos de pintar o mundo como ele não é e nos tornamos responsáveis pelo que fazemos no mundo baseados na realidade. A morte faz parte da vida e a vida faz parte da morte.

Uma maneira adequada de se relacionar com uma perda é experimentando esse acontecimento como algo que não está sob o nosso controle, assim como a vida também não está. O desprendimento é uma forma de assumir um novo vínculo com as novas situações de forma que, ao invés de nos fecharmos para a realidade, fiquemos disponíveis para encarar os acontecimentos, sentimentos e pensamentos sem desvios.

Esse é o ritmo da vida e da morte. Na cultura hindu, o luto é uma oportunidade para o exercício do desapego e se relaciona com a não identificação com o mundo exterior e com o nosso ego.

O que é o luto

Em última instância, tudo que vivemos está enredado por ilusões e o hinduísmo ensina que o apego nos leva a confundir a nossa fantasia com a realidade. O apego faz com que as pessoas acreditem que o carro que elas dirigem, os títulos que elas possuem ou o que têm na conta bancária é parte, ou, até mesmo, o núcleo da sua identidade.

A morte, assim como o luto, nos convoca para um comportamento desapegado, trazendo a percepção de que não somos a nossa qualidade, tampouco o que pensamos ou aquilo que vestimos. O hinduísmo ensina que o luto é um momento para olhar a realidade como sendo impermanente e compreender que a ignorância que nos faz confundir a natureza das coisas é o que provoca o sofrimento. Assim, o enlutamento torna-se mais uma chance de reconsiderarmos a ligação egoísta que estabelecemos com tudo que nos cerca.

CAPÍTULO 11

Shivá, Shloshim, Yurtzait: as etapas do luto na cultura judaica

NUMA VILA DO LESTE europeu, um velho camponês carregava lenha. Cada vez mais cansado, tanto da vida quanto do fato de ter que carregar a madeira, ele se perguntava quando a morte viria, por fim, buscá-lo.

Sentindo cada vez mais dores no corpo, ele oscilava entre a dúvida e a raiva enquanto reclamava das dificuldades da vida. Em um dia frio e muito cansativo, ele repetiu a pergunta, desejando que a morte viesse.

Naquele instante, o Anjo da Morte, que sobrevoava muito próximo, apareceu e perguntou para o velho:

— O que você deseja?

O velho se assustou e, deixando a lenha cair, respondeu:

— Eu quero que me ajude a colocar de novo a lenha sobre meu ombro.

O Anjo da Morte assim o fez e, então, cada um seguiu seu caminho.

Essa versão de um popular conto judaico nos mostra como é frequente fugirmos da morte. Tendo esse conto em mente, podemos analisar o que a tradição judaica tem a dizer sobre a morte e o luto.

Antes de nos concentrarmos na experiência do luto, é indispensável fazermos um panorama da cultura judaica. É plausível definir o judaísmo como uma tradição cultural de origem semita, um sistema religioso monoteísta que tem como fonte de autoridade os textos inspirados que foram escritos por profetas.

No contexto judaico, os três patriarcas são Abraão, Isaac e Jacó. Um dos elementos fundamentais da tradição judaica está no monoteísmo e na ideia de um povo separado para Deus. Estamos diante de uma religião messiânica não missionária. Acredita-se que um messias irá restaurar o devido lugar do povo judeu no mundo. Na tradição judaica, Abraão e as leis redigidas por Moisés sob ordens diretas de Deus deram um rumo novo para a humanidade. O povo judeu compreende a si mesmo como a referência para o estabelecimento de uma lei universal, apesar de não postular a universalidade da condição judaica como possibilidade.

Se na antiguidade o judaísmo trouxe uma novidade, na atualidade permanece com aspectos bem particulares. No mundo antigo, as divindades eram cultuadas em territórios específicos. Por exemplo, na antiga Mesopotâmia, os assírios, que ficavam na região norte da região, cultuavam o deus Assur na cidade de mesmo nome, onde ficava o seu templo. Os babilônios, que habitavam o sul da Mesopotâmia, eram politeístas, como a maioria dos povos, tendo Xamaxe como o deus do sol, Anu como deus do céu e outras divindades.

Era frequente que os povos representassem suas divindades através de pinturas e esculturas. Abraão recebeu uma ordem divina de que não deveriam fazer figuras que representassem Javé – o Deus de todas as coisas.

Independentemente da localização do templo, uma particularidade do judaísmo foi a relação com Deus. Um homem judeu poderia entrar em contato com Deus em qualquer lugar, o que é uma característica de um povo que, durante sua história, viveu intensos processos migratórios e passou por uma grande diáspora após ser expulso de suas terras e ter dois templos destruídos. O primeiro templo havia sido construído pelo rei Salomão e o outro, já sob domínio do Império Romano, foi feito pelo rei Herodes e completamente destroçado.

Outro fator que torna o judaísmo diferente dos outros monoteísmos abraâmicos – o cristianismo e o islamismo – é o fato de a comunidade judaica compreender a si mesma como o povo eleito. Portanto, não se trata de uma religião de caráter universalista missionário em busca da expansão do número de fiéis. O judaísmo não se ocupa de organizar ações para converter quem não vive a fé judaica.

Isso não quer dizer que uma pessoa não judia não possa se converter para a religião, mas não há um incentivo formal para que não judeus busquem esse pertencimento.

Outra questão importante é que o judaísmo vai além da filiação religiosa. É uma cultura e um pertencimento que passa pela ascendência comum dos clãs familiares dos antigos hebreus, as chamadas doze tribos. Uma pessoa judia não precisa frequentar a sinagoga para garantir o seu pertencimento à comunidade judaica. A tradição é matrilinear, sendo filha ou filho de mãe judia, a identidade étnica está garantida.

"Este é o princípio geral: quando um filho nasce a um servo, um estrangeiro, uma serva, ou uma estrangeira, ele é como a mãe. Não nos ocupamos do pai." A opção de pertencer à comunidade sem ter nascido de mãe judia é a conversão seguindo a Halakhah – sistema de leis que rege cerimônias e ritos.

Moisés é um personagem muito relevante na cultura judaica, responsável por ser o relator dos Dez Mandamentos e de diversas regras de convivência. Ele também é o signatário do pentateuco, os primeiros cinco livros da Bíblia, conhecido como Torá dentro da tradição judaica:

O que é o luto

* Bereshit, conhecido também como Gênesis.
* Shemot, conhecido também como Êxodo.
* Vayikrá, conhecido também como Levítico.
* Bamidbar, conhecido também como Números.
* Devarim, conhecido também como Deuteronômio.

Existem várias formas de subdividir a comunidade judaica, seja por meio de definições ligadas às origens territoriais, por exemplo, Sefaraditas[29], Ashkenazis[30] e Beta Israel[31]. No que diz respeito às tradições, podemos dividir em ortodoxos[32], conservadores[33] e reformistas[34].

A despeito da forma de divisão, as meninas passam pelo bat mitzvah aos doze anos e os meninos passam pelo bar mitzvah aos treze. Existem algumas cerimônias bastante relevantes entre as festas judaicas e vale a pena destacar

---

[29] São os descendentes das tradicionais comunidades judaicas da Península Ibérica.

[30] Grupos judaicos provenientes da Europa Central e Europa Oriental.

[31] Comunidades judaicas localizadas na área do Axum e do Império Etíope, atualmente dividida entre Amhara e regiões da Etiópia e região Tigré.

[32] São os que cumprem fielmente os princípios do judaísmo, rejeitando mudanças e renovações nos costumes e nos rituais religiosos.

[33] Movimento judaico nos Estados Unidos que é mais flexível em relação aos contextos de vida, mas, quando comparado ao reformista, ainda é tradicional.

[34] Parte da religião que surge na Alemanha que defende a introdução de novos conceitos e ideias nas práticas judaicas, com o fim de adaptar as práticas religiosas aos seus contextos.

sete: Páscoa[35], Pães Asmos[36], Festa das Primícias[37], Pentecostes[38], Trombetas[39], Expiação[40] e Tabernáculos[41].

A morte não é vista como o fim na cultura judaica. A partir dos estudos de cabala (kabbalah)[42], o número 7 (sete) representa a perfeição, na medida em que simboliza o número de dias em que Deus fez o mundo. E sete é a quantidade de dias que o luto deve durar. Também são sete o número de festas baseadas em acontecimentos e eventos que estão na Torá.

Cada uma dessas festas representa um momento na história do povo judaico. Se o "7" é um número perfeito no que diz respeito à criação do mundo, o número "predileto" de Deus, que fez o mundo e o ser humano

---

[35] Conhecida como festa da libertação, é comemorada a libertação dos hebreus da escravização no Egito.

[36] Ligada à Páscoa, é uma comemoração para relembrar a libertação do povo hebreu no Egito, quando não haveria tempo para preparar pães fermentados antes da fuga.

[37] Três dias após a Páscoa e junto com a de Pães Asmos, é comemorado o início da colheita da primavera, que é ofertada a Deus.

[38] Acontecendo no final da colheita de cevada e no início da de trigo, cinquenta dias após a Páscoa, comemora-se a fartura, a renovação da aliança com Deus e quando é entregue a Torá para Moisés.

[39] É a comemoração do Ano Novo judaico.

[40] O dia do perdão, quando os judeus fazem jejum buscando purificar o espírito de seus pecados.

[41] Festa da gratidão comemorando o término da colheita do verão, quando é lembrada a bondade de Deus durante os quarenta anos de peregrinação no deserto.

[42] Cabala é um sistema místico, uma forma da cultura judaica estabelecer o contato do ser humano com os mistérios divinos através de um método esotérico que reconhece significados ocultos, sinais de Deus que estão na natureza para serem devidamente interpretados e contribuir com o autoconhecimento do ser humano.

nesse tempo, também funciona como o período em que a alma se despede completamente do corpo.

Na tradição judaica existem leis e costumes específicos para lidar com a morte e o luto. Nós podemos falar em três momentos marcantes para a vivência do luto: Shivá, Shloshim[43]/Mishmará[44] e Yurtzait.

A primeira fase do luto tem duração de sete dias após o enterro. A segunda etapa acontece exatamente um mês depois. A última etapa ocorre após um ano.

O Chevra Kadisha é a instituição que ajuda pessoas durante esse processo. Existem dois eixos, Kevod Met, de honrar a pessoa falecida, e Nichum Avelim, que é o consolo da família enlutada.

Após a morte de alguém, em respeito à memória da pessoa falecida, o corpo deve ser acompanhado até o sepultamento, que precisa ser realizado o mais rápido possível. É conveniente que o funeral seja feito em até 24 horas.

A família e os parentes de primeiro grau devem iniciar o luto rasgando um pedaço da roupa, seja da calça, saia, blusa, do paletó ou vestido. É importante simbolizar o sofrimento através do rasgo, o que se denomina Kriá. Esse ritual deve ser feito por sete pessoas que se encaixem em uma dessas relações com a pessoa falecida, pais, irmãos, cônjuge ou filhos.

Os familiares que realizam tal ritual devem rasgar o lado direito de uma peça de roupa que estão vestindo, podendo trocar de roupa nos dias seguintes. Quem

---

[43] Expressão bastante frequente que se refere aos trinta dias após a morte.

[44] As famílias sefaradis costumam usar esse termo também.

perde a mãe ou o pai deve rasgar, do lado esquerdo, a roupa que está vestindo e quando trocar de roupa deve fazer o mesmo com a peça nova, permanecendo com o rasgo por sete dias consecutivos do luto.

Durante esses sete dias, realiza-se a shivá – palavra que significa sete –, que se materializa através da suspensão de todas as atividades rotineiras de familiares e/ou parentes de primeiro grau.

Na tradição judaica, se uma pessoa morre, seu cônjuge e filhos, irmãos e irmãs são convocados para rezar durante a semana e focarem-se na perda, deixando de lado atividades de trabalho, estudo e encontros sociais. Recomenda-se também cobrir os espelhos.

Nesse período, a família enlutada realiza uma semana de Kadish Iatom, a "oração dos mortos", uma espécie de prece específica para fortalecer as pessoas enlutadas diante da perda. Assim como se tornam anfitriãs na casa da pessoa falecida, recebendo os amigos e parentes mais distantes.

Então, se reúnem para conversar a respeito da memória de quem partiu e encontrar conforto ao vivenciar em conjunto o sofrimento da perda. É importante reforçar a noção de imortalidade da alma: o Tratado do Rabino Mosseh Rephael d'Aguilar argumenta, a partir de 36 silogismos sobre a existência de Deus, que a alma tem responsabilidade moral pelas atitudes que irão determinar penas e recompensas futuras. A família enlutada e pessoas próximas tendem a recordar as boas ações de quem se foi durante a primeira semana.

O que é o luto

Após o período de trinta dias, chamado de Shloshim/Mishmará, o retorno completo às atividades sociais que não sejam compromissos de trabalho está permitido. Após um ano, é realizado o Yurtzait, cerimônia no cemitério que conta com rezas e homenagens, seguidas da inscrição do nome da pessoa falecida com os anos de nascimento e morte.

O Yurtzait marca o fim das cerimônias e recomenda-se lembrar da data em que a pessoa querida faleceu e ano após ano fazer orações acendendo a vela da recordação, nerzikaron, por 24 horas.

A tradição judaica propõe que as pessoas enlutadas consigam encontrar sentido e perfazer o processo do luto modulando a intensidade das emoções, diminuindo gradativamente a tristeza e deixando que ela seja substituída pela saudade. Com o apoio de outras pessoas, aqueles que estão de luto se tornam aptos a manejar o sofrimento e retomar suas rotinas.

O que a tradição judaica ensina sobre o luto está na ideia de processos marcados por rituais que ajudem a pessoa a viver sua perda, se reorganizar e retomar sua vida pessoal.

A cultura judaica tem algumas mensagens interessantes, dentre elas a ideia de modulação da intensidade dos afetos. Os primeiros sete dias constituem o momento em que o atordoamento pela perda está mais intenso, e a tristeza surge como uma emoção sufocante e muito frequente.

Durante os primeiros trinta dias é importante manter uma vida mais discreta, sem compromissos sociais que não sejam ligados ao trabalho, estudos e cerimônias religiosas na sinagoga. O terceiro momento que funciona como marcador ritual é o primeiro ano do falecimento.

A lição ensinada é a de retomar a vida gradativamente, sem lutar contra a tristeza e experimentando-a de acordo com a sua intensidade. Os marcos ritualísticos são momentos cronológicos que podem ajudar a viver etapas emocionais mais estáveis de forma progressiva.

Não se trata de superar a tristeza, mas de alcançar momentos em que os sentimentos de alegria e saudade sejam mais frequentes, de modo que a pessoa enlutada seja capaz de lidar com a rotina. A convicção religiosa de que a vida continua após a morte é outro alento.

Com o passar do tempo, o luto é um sentimento que deve passar a conviver com outros, tais como a gratidão, sentimento desejável ao fim de um ano de enlutamento por representar um afeto que nos convoca a agradecer tudo que compartilhamos com a pessoa que se foi, tanto as alegrias quanto as tristezas, além de alimentar as lembranças dos bons momentos que passamos com quem partiu.

O contexto cultural judaico traz dois elementos importantes para vivermos o sentimento do luto, a recuperação de boas memórias do nosso convívio com quem nos deixou e a aceitação da perda.

CAPÍTULO 12

A morte e o luto em tradições filosóficas chinesas

NO INÍCIO DOS TEMPOS, havia apenas um ovo no universo, e dentro dele vivia o gigante Pan Ku. O ser ficou dezoito mil anos dormindo até que o ovo se partiu, a parte de cima formou o céu e a de baixo, a terra.

O gigante segurou o céu por mais dezoito mil anos e, então, resolveu descansar, vindo a falecer. Do seu corpo, os princípios passivos e ativos da natureza passaram a construir o mundo: o Yin-Yang.

Dos olhos do gigante, surgiram o sol e a lua; de suas artérias e veias, os rios e mares. O sol foi constituído pelo princípio Yang, ativo e marcado pela potência de iluminar. A lua foi constituída pelo princípio Yin, passiva e capaz de absorver. O mundo ficou perfeito, sustentado por duas forças opostas e complementares.

Então, observada por Shangdi, o Imperador de Jade, a deusa da fertilidade, Nu Gua, começou a manipular os dois princípios e criou os seres humanos do barro[45]. O Imperador de Jade, divindade suprema, sabe exatamente a quantidade de Chi, a energia vital, doada para cada ser humano no nascimento e, com base nisso, pode determinar parcialmente a longevidade de cada pessoa.

Apesar de haver uma quantidade delimitada de Chi para cada ser vivo, a forma de lidar com os fenômenos pode gerar boa ou má manutenção da energia vital. O tamanho de uma vida pode aumentar ou diminuir conforme se gasta o Chi e a maior das artes está em preservá-lo. Saber manejar Yin-Yang é a forma de viver em equilíbrio, prolongando o Chi.

Após a morte, as almas podem ser julgadas em dez tribunais. No décimo tribunal está localizada a roda de renascimento. Lá as almas são recebidas pela deusa do esquecimento, Meng Po. Nos outros nove, as opções são: ir para o céu, tornar-se um ser celestial ou ser punido no inferno. Cada tribunal condena a um tipo de céu e a uma espécie de inferno.

Uma alma pode ir direto para os cuidados da deusa que trata do renascimento, logo após deixar o corpo.

---

[45] Entre as versões do mito encontramos uma em que o Imperador de Jade cria os seres humanos; na outra, Nu Gua, a deusa da fertilidade, é a responsável por fazer a espécie humana do barro. Aqui optamos por uma versão em que as duas divindades coexistem nesse processo de criação.

O que é o luto

Algumas, entretanto, só chegam após passarem um longo período no inferno ou no céu. Meng Po tem como função preparar as almas para que estejam prontas para voltar ao mundo material. Uma alma só pode reencarnar depois de passar pelo seu reino, onde a deusa purga-as de todo o conhecimento prévio, fazendo com que as almas esqueçam do que já foram e fiquem prontas para renascer no mundo dos mortais.

A divindade prepara uma poção chamada "os cinco sabores do esquecimento", que possui ervas tão poderosas que amnesiam instantaneamente. Há, entretanto, almas apegadas ao que já foram e que tentam escapar correndo ou fechando a boca. Então, o doce, o amargo, o azedo, o umami e o salgado, isto é, os sabores do esquecimento, são empurrados goela abaixo através de um tubo de metal. Sem pensar no passado ou ter expectativas do futuro, Meng Po ensina a benevolência para todas as almas que vão reencarnar.

Lao Tsé (604-517 a.C.) é um dos maiores expoentes do taoísmo. Confúcio (551-479 a.C.) é o fundador da escola filosófica que leva seu nome: confucionismo. De acordo com o historiador chinês Chen Sien Tchoan, os dois filósofos chineses já se encontraram. Confúcio era um jovem e Lao Tsé um homem maduro e muito experiente. Antes de estreitar a distância entre os dois filósofos, vamos tratar um pouco de cada escola de pensamento e analisar, ainda que panoramicamente, as filosofias.

Iniciando pelo pensamento filosófico mais antigo, atribui-se a Lao Tsé a obra *Tao Te Ching*. Uma das questões centrais dessa obra é a nossa relação com o mundo e a possibilidade de vivermos uma vida harmônica, plenamente de bem com as coisas de fora e com o próprio espírito. O livro tem poemas aparentemente enigmáticos, porque trazem paradoxos e raciocínios pouco frequentes. Outro aspecto fundamental no taoísmo é o Yin e Yang. O Tao diz respeito ao caminho, uma trajetória para uma vida longa e feliz, de bem consigo.

Tao tem o sentido de uma força originária e fundante da realidade que atravessa tudo o que existe. A fonte primária de toda realidade é o Tao. No taoísmo – entendido tanto como filosofia quanto como uma atividade que é base do Kung Fu e do Tai Chi Chuan e de uma perspectiva espiritual-religiosa –, encontramos um eixo que estrutura os cinco elementos: terra, fogo, metal, madeira e água.

O taoísmo tem questões como a homeostase, uma espécie de equilíbrio orgânico. Homeostase é a capacidade de um organismo de se manter estável, sem alterações que levem a doenças e mal-estar. Nessa filosofia, os cinco elementos têm significados bem precisos e remetem para uma caracterologia, isto é, tipos de caráter, além de formas de interação.

Yin e Yang são outros dois elementos fundamentais e que constituem o Tai Chi, um símbolo estruturante do pensamento taoísta. O Tai Chi simboliza a reunião de dois elementos complementares. Yin e Yang são pares da natureza que simbolizam opostos, como a noite e o dia, o feminino e o masculino, a complacência e a resistência, o repouso e o movimento, a sombra e a luminosidade. Enfim, todos os duplos. É preciso compreender que a realidade é corporal e que carecemos de reconhecer a natureza em nós mesmos. O taoísmo é uma filosofia que pode ser descrita como um modo de vida[46]. Ele traz o entendimento de que tudo o que existe surge, nasce, cresce, atinge o apogeu e, então, vem a decadência e o fim. É próprio da natureza que as coisas comecem e terminem. O caminho para uma vida boa é cultivar a serenidade, e o modelo de vida ideal está baseado em uma lição da própria natureza, comportar-se como a água.

A água quando é derramada não é rígida. Ela corre, desce, se contenta em estar onde está e se transforma. A mutação é contínua e ininterrupta. Selecionar coisas que não estão de acordo com as leis naturais criam circunstâncias de sofrimento, diminuindo a energia do Tao.

É preciso escutar os sentimentos, os pensamentos, buscar os objetivos moderados, não se ocupar de ultrapassar os limites e não se forçar desnecessariamente. As chamadas três joias de Lao Tsé são: benevolência, moderação e humildade. São virtudes que ajudam a chegar ao núcleo prático da filosofia taoísta, o *wu wei*, isto é, a não ação.

A tese é simples: o nosso ego busca o prazer e foge da dor. Wu wei é a não ação do nosso ego. Não agir é entendido como o respeito a viver sem sermos controlados pelo ego, uma alteração interior. As expectativas

---

[46] O historiador e filósofo francês Pierre Hadot argumenta que, na antiguidade, filosofia era uma atividade que visava produzir um modo de vida embasado o mais próximo da sabedoria, da capacidade de conhecer a si e o mundo em uma conexão estratégica que produzisse um bem viver.

O que é o luto

diminuem porque não se trata mais de buscar incansavelmente, mas estar de bem com as pequenas coisas.

Em vez de viver comandado pelo ego, alguém adepto do Tao se baseia nas três virtudes para observar a realidade.

Trata-se não de escolher uma opção, como Yin ou Yang, mas de vivenciar ambas, permitir-se viver todas as experiências sem separar os aspectos das coisas. De modo fluído, sem forma, adaptando-se às condições e buscando a sutileza e a resiliência. Nós mudamos o tempo todo e, se não nos adaptarmos e ficarmos obcecados por ser o que éramos, iremos adoecer.

O Tao propõe a adaptação às condições imanentes da nossa vida, aceitando a realidade e investindo de modo gradual, sabendo usar a nossa energia. O ditado popular que diz: "água mole em pedra dura tanto bate até que fura" é um breve retrato do princípio ético do taoísmo. Nada na natureza ocorre de modo repentino, as coisas ocorrem de modo paulatino. As características defendidas pelo taoísmo para uma vida em acordo com a natureza são:

* Fluidez: não estagnação.

* Suavidade: não rigidez e sutileza.

* Amorfismo: capacidade de adaptação e não fixação.

* Universalidade: imparcial, atende a coletividade.

* Transparência: coerência e verdade.

* Preenchimento: foco, concentração e ausência de escassez.

* Distribuição: equalização e não retenção.

A respeito do pensamento de Confúcio, *Os analectos,* uma compilação de registros de suas aulas feitos por seus discípulos, são a principal fonte da sua filosofia. Confúcio defende a potência humana para o aprendizado. Ele foi, ainda muito jovem, conselheiro do príncipe do Estado de Lu. A lição central do confucionismo é a de que o ser humano não deve levar uma vida ascética, isolar-se da realidade. Confúcio preconiza que a nossa grande batalha é interna. Para nos tornarmos uma pessoa justa, em suas palavras, é preciso ser alguém virtuoso.

De acordo com *Os analectos,* temos elementos-chave para uma vida boa tanto na dimensão pública quanto na dimensão privada. Em primeiro lugar, "O homem virtuoso não deixa de praticar o bem em nenhuma circunstância. Ele é virtuoso quando tudo o favorece, e o é quando tudo lhe é obstáculo". É nos tempos difíceis que nossas virtudes são provadas. Num diálogo com o seu dileto discípulo Tseng Tzu, Confúcio estabelece formas de lidarmos conosco e com os outros.

Em relação a nós mesmos, é importante ter fidelidade. Precisamos ser fiéis aos nossos valores, aos nossos princípios, não devemos mudar de opinião só por conta das circunstâncias. É preciso um exame profundo de si mesmo para que possamos não nos perder dos nossos próprios sentimentos, pensamentos e interesses.

Muitas vezes, uma pessoa pode fazer coisas que estão completamente em conflito com os seus interesses, mas por conta de algum tipo de "ganho", ela trai a si mesma. Em relação às outras pessoas, Confúcio preco-

O que é o luto

niza a importância da compreensão. Podemos compreender as outras pessoas para aumentar nossa empatia. Basta o simples exercício de perguntar o que faríamos no lugar de alguém, buscar entender realmente aquela experiência. A regra de ouro do confucionismo é amplamente conhecida: "faça aos outros o que queres que façam a ti mesmo". Confúcio propõe o homem *ju*, o cavalheiro, como a meta a ser alcançada através da vivência da sua filosofia.

Wen Tzu, discípulo de Lao Tsé, escreveu A *compreensão dos mistérios*, comentando que as pessoas grandes fazem das quatro estações seus cavalos, sendo a escuridão e a luz, os cocheiros, ou seja, uma pessoa que se entende como parte de todos os fenômenos.

O Tao é o caminho, o princípio regulador da vida. Estar em harmonia com o caminho é o objetivo fundamental. De acordo com escritos de Lao Tsé e Wen Tzu, a recomendação moral do taoísmo é a de que as pessoas sejam firmes por dentro e flexíveis por fora. O que isso significa? Uma pessoa alinhada consigo mesma, ciente do que sente e do que deseja, pode se adaptar às mudanças do mundo exterior sem precisar se modificar. Confúcio tem algumas lições semelhantes.

> Aos quinze anos, dediquei-me de coração a aprender; aos trinta, tomei uma posição; aos quarenta, livrei-me das dúvidas; aos cinquenta, entendi o Decreto do Céu; aos sessenta meus ouvidos foram sintonizados, aos setenta, segui o meu coração, sem passar dos limites.

Seguir o próprio coração sem passar dos limites é o destino de quem aprende a lidar consigo. Como podemos articular essas recomendações e princípios filosóficos com algum tipo de exercício afetivo diante do luto? Tanto o taoísmo quanto o confucionismo são escolas filosóficas comprometidas com a autorrealização.

O entendimento fundamental é de que não há controle do mundo exterior, uma vez que a realidade escapa e sempre escapará aos nossos desejos. Portanto, empenhar a nossa felicidade sobre acontecimentos que não estão sob a nossa jurisdição é um obstáculo enorme para a autorrealização.

O luto é um sentimento que deve ser vivido com naturalidade e as ações devem ser suaves. O taoísmo argumenta que da não existência brota a existência, mas que, mutuamente, o ser e o não ser se geram. Em vez da lógica de exclusão, o Tao apresenta uma doutrina em que tudo que existe comporta coisas contrárias entre si.

O luto é um momento para manter a integração harmônica com o mundo, acolhendo, inclusive, o sentimento de tristeza. Para entender o luto por meio das filosofias chinesas, precisamos saber um pouco mais sobre os rituais dessa cultura.

Como toda cultura é dinâmica, é preciso reconhecer que os costumes da China de centenas de anos atrás sofreram inúmeras mudanças. No entanto, na China antiga de Confúcio e Lao Tsé, assim como na atual, no entanto, alguns elementos foram mantidos. A partir de estudos de Ching-Lang Hou e C. Schipper, podemos descrever os rituais funerários na antiguidade e na atualidade como um conjunto de cerimônias que se definem por cuidados com o corpo, lavando-o após a morte, e passando em seguida por um velório de ao menos três dias na casa da pessoa falecida.

O momento é simbolizado pelo uso de tecidos brancos, cor que remete mais facilmente ao vazio. Mas, em um contexto globalizado, além do branco na China, o preto tem se tornado uma cor frequente nas roupas em velórios no mundo inteiro.

No funeral de uma criança ou pessoa jovem sem filhos não se fazem as mesmas reverências feitas para uma pessoa mais velha que deixou descendentes. O funeral de uma criança é marcado pelo silêncio e acontece com bastante discrição.

O caixão fica dentro da casa da pessoa se ela morreu no lar, mas é colocado no jardim ou dependências externas da residência se a morte aconteceu fora de casa. Durante os dias de velório, para passar o tempo, familiares e amigos se entretêm com jogos. A presença contínua de gente ajuda a não deixar o falecido sozinho. A tradição recomenda o enterro, mas as mudanças políticas na China desde o final da década de 1940 popularizaram a cremação.

No cemitério, o caixão se posiciona de acordo com o Feng Shui[47] – um conjunto de técnicas de harmoni-

---

[47] O Feng Shui foi popularizado pelo missionário britânico Ernest John Etel com o livro *Feng-shui: Or the Rudiments of Natural Science in China*, em 1873. Mas intelectuais chineses e sinólogos, tais como Lin Yun, discordam da interpretação do missionário que classificou o Feng Shui como geomancia. Lin Yun é um dos estudiosos da Escola do Chapéu Negro de Feng Shui – a mais popular no ocidente. Além da Escola do Chapéu Negro, existem as Escolas da Forma e da Bússola.

zação entre os seres e o meio ambiente. O Feng Shui propõe harmonia energética através da arrumação das coisas, uma vez que se acredita que, conforme a posição dos objetos, a energia pode ficar represada, mal utilizada ou até acumulada. O enterro deve primar por um local harmônico, evitando má sorte para os familiares da pessoa falecida e para os destinos futuros de quem partiu também.

Após sete dias da morte, familiares devem fazer uma cerimônia de encorajamento para que a alma renasça. Essa cerimônia deve ser repetida de sete em sete dias, por pelo menos três vezes caso a família sinta essa necessidade.

Se a pessoa falecida teve um filho, ele deverá realizar, no 49º dia, uma cerimônia que marca o fim do período que a alma está em processo de descolamento do mundo material e pronta para começar uma nova vida.

O luto não deve ser desesperado. Em respeito a quem se foi, familiares e amigos devem cuidar para que a despedida seja feita com equilíbrio. A tristeza vivenciada de modo equilibrado mantém o Chi de quem ficou e contribui para que a pessoa que partiu faça o seu percurso sem interferências. Todo excesso, assim como toda carência, é um risco para a manutenção do equilíbrio energético, seja em vida ou após a morte. Confúcio nos fala de uma justa medida adequada que deve ser observada para cada situação. A tristeza tem uma medida para ser vivenciada e Lao Tsé argumenta que não devemos nos deixar enrijecer pelos acontecimentos.

O que essas duas filosofias chinesas podem nos dizer a respeito da morte e do luto é que, em certa medida,

O que é o luto

ambas convergem no aspecto de que não devemos temer a morte. Confúcio traz uma informação filosófica sobre métodos que nos ajuda bastante. Ele diz que se ocupa mais de compreender as perguntas do que simplesmente responder por responder.

Precisamos mergulhar nesse conceito partindo dos pontos de vista de Lao Tsé e Confúcio. Devemos buscar por um caminho em que estejamos mais livres, usando bem a nossa energia e convivendo bem com os nossos afetos. A meta deve ser encontrar o caminho do equilíbrio.

Uma pessoa não pode viver para responder somente o que o mundo lhe exige. É preciso que suas ações brotem do seu coração. Na cultura chinesa, entre os séculos VI e IV a.C., um ritual funerário tinha como objetivo contribuir para que a pessoa falecida passasse ao mundo dos antepassados. A morte prematura poderia ser um sinal de que a pessoa não teria cumprido o seu destino por completo. Mortes violentas e falecimentos sem deixar descendentes são situações indesejadas nesse contexto cultural.

Um dos ensinamentos interessantes a respeito do luto está na relação com a vida e com a morte. Confúcio problematizava o esforço das pessoas em entender a morte, se não compreendiam nem mesmo a vida. Lao Tsé postulava que o Tao ensina que nascer não é o começo e morrer não é o fim.

Conclusão

APÓS ESTE PERCURSO, PODEMOS entender algumas coisas em relação às fases do luto. A primeira delas é que o luto é uma experiência variada e plural. Em segundo lugar, estipular fases de maneira categórica cria condições para que as experiências sejam estereotipadas, o que não é de grande auxílio, já que a pluralidade das vivências de luto não pode ser reduzida e enquadrada dentro de um modelo com cinco etapas.

Quando Elisabeth Kübler-Ross publicou o livro *Sobre a morte e o morrer*, seu objetivo era contribuir para o tratamento de pessoas com doenças graves ou em cuidados paliativos. Originalmente, ela se referia a pacientes que tinham recebido um diagnóstico

O que é o luto

de doença séria ou com um quadro clínico irrever-
sível, com pouquíssima ou nenhuma possibilidade
de cura.

Então, o estudo estipulou as cinco fases, conhecidas
por negação, raiva, barganha, depressão e aceitação.
Foi somente por analogia que se estabeleceu essa perspectiva. Mas, a partir da leitura de *O que é o luto*, pode-se obter a conclusão parcial de que não existe uma
só maneira de vivermos o luto.

O luto não diz respeito somente à perda de alguém,
ainda que a morte de uma pessoa nos coloque diante
do limite mais radical da vida. A imprevisibilidade do
que virá depois de perder algo ou alguém é assustador
e, por isso, não existe apenas uma ferramenta para lidar com a tristeza causada pela perda.

O luto não é uma doença, tampouco uma síndro-
me. É um afeto que envolve emoções, sentimentos e
pensamentos. Mitologias e filosofias contribuem à medida que sugerem uma ética.

Em algumas tradições dos povos do Alto Xingu é
muito importante uma espécie de fala pública citando
os bons e maus momentos com quem partiu; no contexto da África global, é muito significativo celebrar
a partida como o reconhecimento de que a vida de
quem morreu foi bem vivida.

Uma certa interpretação da mitologia grega nos alerta de que não devemos agir como Ulisses e precisamos
nos permitir o direito de mergulhar na nossa angústia;
no pluriverso do hinduísmo, é indispensável apostar
em um determinado desapego.

Na cultura chinesa tradicional, que abriga taoísmo e confucionismo, o luto precisa ser vivido de maneira destemida. Nas culturas monoteístas do islã e do mundo judaico, encontramos uma organização do processo do luto em etapas, contribuindo para que a experiência não seja tão dolorosa. O luto é vivido de acordo com a cultura da sociedade que se analisa em um determinado momento histórico. Os vikings viviam tudo como se fosse uma batalha, inclusive o enlutamento. No Egito antigo, a relação do povo Kemet com a morte e o enlutamento passava por tecnologias espirituais para preservar o coração – órgão das emoções e do pensamento.

A lição de Antígona é direta: enterrem os seus mortos e se despeçam com dignidade de quem partiu. A mensagem budista nos convoca para assumir que tudo é impermanente e que precisamos aceitar as mudanças imprevisíveis. Isso pode ser feito com muito, pouco ou nenhum sofrimento.

Mas se viver é uma série de imprevistos que passam e a morte é inevitável, tanto a morte como o luto não podem deixar de ser compartilhados em família, em uma espécie de conversa com os antepassados – como celebra o povo mexicano.

Outro assunto que pode suscitar a nossa curiosidade é o tabu que cerca o suicídio, mencionado no início do livro. Ainda que as interpretações mais frequentes dos sistemas religiosos condenem o suicídio, em algumas sociedades dar a morte a si não era necessariamente algo ruim. No Império Romano, no Japão medieval e em contextos históricos determinados de outras culturas, o suicídio podia ser visto como um ato honroso.

O filósofo e teólogo africano Santo Agostinho foi emblemático ao situar o ato como um crime gra..ssimo. Em certa medida, o mais grave. Um pecado irretratável de tal modo que a pessoa não deveria nem receber os rituais fúnebres. Outras tradições também fazem coro com a tese de que o suicídio é um tipo de crime inafiançável.

Um trabalho bastante interessante a respeito foi organizado por Alexandrina da Silva Meleiro, Chei Tung Teng e Yuan Pang Wang em um livro de doze capítulos intitulado *Suicídio: estudos fundamentais*. Em um determinado momento, encontramos reflexões sobre estratégias de prevenção. O trabalho vai de encontro ao reducionismo, problematizando muito bem os equívocos que levam à simples condenação moral da autoaniquilação sem compreender o caráter multidimensional do fenômeno. Existem fatores sociais, raciais, de gênero e culturais que envolvem o suicídio. No Brasil, por exemplo, o perfil de pessoas que mais cometiam suicídio nas duas primeiras décadas do século XXI foi o de jovens negros do sexo masculino.

O patriarcado e o racismo estrutural explicam essas altas taxas entre adolescentes e homens negros. Uma vez que aqui tratamos dos modos de lidar com o luto, é importante apontar como vivenciar o enlutamento de uma pessoa que se matou. Na atualidade, ao contrário do que o efeito Werther nos diz, nós precisamos falar de suicídio até para criar políticas de prevenção.

Como em qualquer caso, precisamos de uma ética do luto. A dor da despedida não pode ser sequestrada por um julgamento moral. É preciso avaliar eticamente. E como isso pode ser feito?

Diferentemente da moral, a ética não nos propõe viver sob um padrão externo ou uma série de costumes já estabelecidos. Ela nos convida a perguntar pelo que fazemos, nos atiça a perguntar por que tomamos determinadas ações. Uma ética do luto pode ser erguida a partir da filosofia ubuntu. A palavra "ubuntu" existe nos idiomas ndebele, swati, xhosa e zulu. O filósofo sul-africano Mogobe Ramose nos conforta dizendo que:

> Incerteza, medo, alegria, tristeza, solidão, companheirismo e boa saúde, são alguns dos fenômenos que definem a instabilidade fundamental do mundo dos vivos. A pergunta é: como é que podemos responder à instabilidade fundamental de ser?

A morte é uma situação de instabilidade e o papel da ética está justamente em nos convidar para um exercício de encontro. Ubuntu é uma filosofia que reconhece o conflito como inerente à vida. A ética diante da dor da perda começa reconhecendo a situação de conflito afetivo. É preciso partir da compreensão de que em uma circunstância de enlutamento, precisamos recorrer ao apoio de familiares e amigos. A máxima ubuntu diz que somos uma pessoa através de outras pessoas.

Só podemos desfrutar da nossa humanidade à medida que somos capazes de nos relacionarmos com outros seres

O que é o luto

humanos, negociando os nossos limites e investindo na nossa capacidade de conviver sem querer dobrar os outros aos nossos desejos e caprichos e, ao mesmo tempo, sendo suficientemente íntegros para não nos dobrarmos ao poder do outro.

A nossa humanização não passa por uma relação de poder vertical em que alguém mais forte define o que o mais fraco precisa. A ideia de que "eu sou" porque "nós somos" não significa um conto de fadas em que todos concordam e vivem felizes para sempre. Ubuntu é uma filosofia que reconhece que, ainda que a proximidade gere conflitos, a distância produz solidão e, portanto, precisamos conviver com os conflitos. A ética ubuntu é uma espécie de ética da amizade.

Para o filósofo grego Epicuro, a amizade é um sentimento fundamental que nos ajuda a corrigir as falhas mutuamente. A sua formulação é de que não devemos temer a morte, porque quando estamos presentes, a morte está ausente e quando ela surge, nós não estamos presentes. Ou seja, só sentimos dor e prazer enquanto estamos vivos. Não precisamos temer a nossa morte, porque morrer é justamente a ausência dos sentidos.

Em relação à morte de uma pessoa amada ou a dor de uma perda, temos a amizade como um remédio que nos leva a compartilhar os bons momentos. Epicuro nos diz que a prudência é a maior de todas as virtudes. Uma pessoa prudente é capaz de ser feliz com coisas simples, pois com expectativas moderadas podemos desfrutar melhor o que virá.

Aristóteles já nos disse que ser prudente é deliberar bem sobre o que é bom. A minha hipótese é que podemos deliberar melhor se fizermos isso juntos, através da amizade. Nós nos tornamos mais gente quando firmamos a amizade. O sentimento de luto pode ser como um furacão que passa destruindo tudo o que vê pela frente. Diante do coração em frangalhos, a amizade pode surgir como uma oportunidade para que uma pessoa arrasada se recupere à medida que o tempo cicatriza as feridas.

A ética do luto pode ser descrita como uma reflexão sobre a moral que nos convida a preservar a nossa humanidade através da amizade. Se o enlutamento pode trazer uma solidão desesperadora e sufocante, a amizade nos moldes epicuristas, operando em consonância com a ética ubuntu, pode proporcionar, dentre outras coisas, o reconhecimento do nosso limite e da nossa pobreza de repertório afetivo para passar pelo luto.

Em outras palavras, mais importante do que perguntar "o que é o luto?" é questionar como podemos viver os lutos inevitáveis que a vida nos impõe sem entrar em colapso. A ética da amizade ubuntu é um caminho que podemos trilhar. Assim, devemos saber que sempre podemos entrar em conflito com uma pessoa amiga, mas não em confronto.

A definição afroperspectivista que surge desse cruzamento é de que a amizade é um terreno em que o conflito leva as pessoas a celebrarem as suas fraquezas. O conflito surge das discordâncias naturais dos encontros. O confronto é uma forma de buscar hegemonia sobre um território. Por celebrar a fraqueza, devemos compreender que só podemos nutrir amizade com as pessoas com quem podemos dizer que "não está tudo bem" sem medo.

A amizade deve ser baseada na capacidade de compartilhar defeitos e derrotas e, por isso, não podemos ter uma amizade afetivamente nutritiva com quem só narra suas vitórias. Na arena do luto, precisamos estar disponíveis, seja no papel de acolher ou receber acolhimento, para nomear a nossa insegurança afetiva.

Por fim, os mitos e as filosofias podem contribuir para lidar com o luto uma vez que consagram uma ética, como a ubuntu. A amizade não significa concordar com tudo ou estar sempre disponível. Mas pode significar que, em um dia difícil, nós poderemos encontrar um caminho para compartilhar alguma coisa, seja na mesa do café ou do bar.

O que importa é que a ética da amizade nos ajude a fazer um caminho, visitar o sentimento de gratidão por cada momento que convivemos com alguém ou algo que perdemos, sem a ilusão de fantasiar uma volta ao passado.

A amizade é importante para que, ao invés de cultivarmos ressentimento diante da dor de uma perda, possamos superar a devoção ao luto que faz com que toda energia afetiva fique restrita ao que perdemos. Não é questão de esquecer o que perdemos, mas de recuperar e manter a nossa energia afetiva focada em nos auxiliar a seguir com a vida.

Ela seria, portanto, justamente a oportunidade para habitarmos uma usina de afetos potáveis. A psicóloga guarani Geni Núñez sugere reflorestarmos o nosso imaginário. Ela define que precisamos de afetos potáveis, isto é, emoções, sentimentos e pensamentos que nos sustentem, capazes de nutrir e manter a vida saudável.

Às vezes, precisamos de uma dose de tristeza e nenhuma emoção deve ser evitada. Em certa medida, o veneno e o remédio se diferenciam mais pela dosagem do que pela substância. A raiva é potável sempre que precisamos dela.

É assim com todos os afetos, que se tornam tóxicos à medida que invadem a nossa vida e nos colonizam. Os afetos potáveis descolonizam a vida. Os afetos tóxicos operam por meio de "uma lógica parasitária. Nela, humano seria a negação do animal, (...), além de não haver concomitâncias: nunca azul e rosa, masculino e feminino, humano e animal ao mesmo tempo".

Ou seja, a intoxicação afetiva nos desumaniza e, assim, vivemos sob a lógica de que somos angelicais ou criaturas demoníacas. Os afetos potáveis são importantes no circuito da amizade pois é uma situação em que não somos anjos e nem demônios, mas simplesmente gente. A formulação de Geni Nuñez converge com a do pensador quilombola Antônio Bispo dos Santos, o Nego Bispo, que nos convida a estabelecer uma relação de confiança com a vida.

Diante de um mundo em guerra, a colonização "inventou o terror psicológico que vamos chamar aqui de cosmofobia". Em linhas gerais, Bispo diz que podemos confiar ou desconfiar da vida. A cosmofobia é uma forma de viver continuamente desconfiado e em estado permanente de guerra consigo e contra o mundo.

O que é o luto

A relação de desconfiança nos afeta negativamente e tudo passa a ser uma disputa, o que dificulta a amizade. Cultivar a amizade impõe uma espécie de cessar fogo. Em outras palavras, em uma situação de enlutamento, precisamos baixar as armas e transitarmos no circuito afetivo da amizade.

Mas é importante frisar que ninguém deve restringir suas amizades às outras pessoas em uma situação de luto. A pessoa também precisa ser amiga de si mesma. Precisamos abraçar a nós mesmos. Se não formos nossos amigos, não conseguiremos aproveitar bem a amizade dos outros.

A autoamizade não deve ser confundida com as tecnologias de autoajuda, mas se assemelha justamente ao seu inverso, isto é, à condição para *alter-ajuda*. Uma pessoa amiga de si reconhece os seus limites e, por estar conectada com os seus afetos, é capaz de pedir e aceitar ajuda. Ela, inclusive, reconhece que nem todas as pessoas amigas podem ajudá-la, mas aceita apoio daqueles que têm condições de dar suporte afetivo. A capacidade de mapear os nossos limites contribui para reconhecer os limites dos outros.

O que mais precisamos no enlutamento são afetos que desintoxicam o nosso coração. Portanto, o início de qualquer estratégia para vivenciar bem o luto passa pela nossa capacidade de cultivar a amizade conosco. Sem arar o nosso próprio coração com o sentimento de autoamizade, nenhum afeto curativo pode ser plantado. De modo geral, culturas que desconfiam da vida estabelecem uma espécie de princípio em que o ser humano é o lobo do próprio ser humano, porque viver em sociedade é estar constantemente sob ameaça. Não quer dizer que sociedades cosmofílicas, culturas que partem da confiança como forma de relacionamento, não possuam conflitos, mas elas entendem que divergir de alguém não é motivo para um estado de guerra permanente.

Agradecimentos

Para as minhas avós Elvira (*in memorian*) e Maria de Lourdes (*in memorian*) e para o meu avô Wilson (*in memorian*), que foram fundamentais na minha formação filosófica para abordar assuntos como a morte e o luto.

Eu sou grato pela paciência de Carla Silva, Raquel Cozer, Malu Poleti, Mariana Gomes, Diana Szylit, Bárbara Lindbergh, Mauro Bizoni e Mauricio Negro para trocar ideias tão relevantes durante o meu processo de escrita.

Referências bibliográficas

ALCORÃO. Trad. de Mansour Challita. Rio de Janeiro: Best Seller, 2010. 29,57.

ARAÚJO, Emanuel. "Ensinamentos de Amenemope". In: ARAÚJO, Emanuel. *Escrito para a eternidade: a literatura no Egito faraônico*. Brasília: Editora UnB, 2000. p. 273.

ARAÚJO, Felipe Poggianella; BRAGA, Virna Ligia Fernandes. "Día de los muertos: um rito de cores e alegria". *Revista Estação Científica*, Juiz de Fora, nº 19, 2018. Disponível em: https://portal.estacio.br/media/3730417/d%-C3%ADa-de-los-muertos-um-rito-de-cores-e-ale-gria.pdf.

O que é o luto

ASHBY, Muata. *The Egyptian Book of the Dead: The Book of Coming Forth by Day*. Lithonia: Sema Institute, 2013.

BASSO, Lissia Ana; WAINER, Ricardo. "Luto e perdas repentinas: Contribuições da Terapia Cognitivo-Comportamental". *Revista Brasileira de Terapias Cognitivas*, Porto Alegre, v. 7. pp. 35-43, 2011. Disponível em: https://cdn.publisher.gn1.link/rbtc.org.br/pdf/v7n1a07.pdf.

BANHATO, Eliane Ferreira Carvalho. "Reflexões sobre os benefícios da tristeza segundo a neurociência e a arte fílmica Divertida Mente". *CES Revista*, Juiz de Fora, v. 33, n. 2, pp. 147-166, 2019.

BRASIL. Ministério da Saúde. *Óbitos por suicídio entre adolescentes e jovens negros 2012 a 2016*. Brasília, 2018.

BHAGAVAD GĪTĀ. São Paulo: Martin Claret, 2007. II, 27.

CARNEIRO, Anna Bárbara de Freitas. "Suicídio, religião e cultura: reflexões a partir da obra 'Sunset Limited'". *Reverso*, Belo Horizonte, v. 35, n. 65. Pp. 15-23, jul. 2013. Disponível em: http://pepsic.bvsalud.org/scielo.php?script=sci_arttext&pid=S0102-73952013000100002&lng=pt&nrm=iso.

CHAGAS, Gisele Fonseca. "Rituais fúnebres no islã: notas sobre as comunidades muçulmanas no Brasil". *Religião & Sociedade*, [online]. 2015, v. 35, n. 1, pp. 121-138. Disponível em: https://www.scielo.br/j/rs/a/Tck4r9yyWH-tHbgdyzsJ9QZC/#.

CONFÚCIO. *Os Analectos*. Trad. de Caroline Chang. Porto Alegre: L&PM Pocket, 2007. II,4, IV,5.

DIAS, GUILHERME SOARES. "Enterro com dança em Gana que virou meme mostra que a morte é encarada de outra forma na cultura africana". *Yahoo! Notícias*, [S.l.], 6 maio 2020. Disponível em: https://esportes.yahoo.com/noticias/enterro-dança-gana-meme-a-morte-encarada-outra-forma-cultura-africana-145148561.html.

DURKHEIM, Émile. *O suicídio*. São Paulo: Martins Fontes, 2011.

FARHAT, José. "Desmistificando o Islã: Fatalismo". *Instituto da Cultura Árabe*, Indianópolis, 31 jan. 2017. Disponível em: https://icarabe.org/node/2933.

FESTA no céu. Direção: Jorge R. Gutierrez. Produção: Guillermo del Toro e Carina Schulze. Canadá: 20th Century Fox Animation, 2014. 1 DVD (95 min).

FORGAS, Joseph P. "Don't Worry, Be Sad! On the Cognitive, Motivational, and Interpersonal Benefits of Negative Mood". *Current Directions in Psychological Science*, Washington, v. 22, n. 3, pp. 225-232, 2013.

FORGAS, Joseph P. "The Upside of Feeling Down: The Benefits of Negative Mood for Social Cognition and Social Behaviour". In: FORGAS, Joseph P.; FIEDLER, Klaus.; SEDIKIDES, Constantine (Org.). *Social Thinking and Interpersonal Behaviour*. Nova Iorque: Psychology Press, 2013. pp. 221-238.

GENNEP, Arnold Van. *Os ritos de passagem*. Petrópolis: Vozes, 1978.

GÓES, Paulo de. "O suicídio no pensamento de Santo Agostinho: lógica casuística à luz do De Civ. Dei, I". *Re-*

vista de Estudos Universitários, Sorocaba, v.24. n.1, pp. 163-195, jun. 1998. Disponível em: http://periodicos. uniso.br/ojs/index.php/reu/article/view/4215.

GUELLOZ, Azzedine. "O Islão". In: DELUMEAU, Jean. *As grandes religiões do mundo*. Lisboa: Presença, 1997.

GUIMARÃES, Sílvia. "O drama ritual da morte para os Sanöma". *El País*, São Paulo, 20 jun. 2020. Disponível em: https://brasil.elpais.com/brasil/2020-06-24/o-drama-ritual-da-morte-para-os-sanoma.html.

HAN, Byung-Chul. *Sociedade do cansaço*. Trad. de Enio Paulo Giachini. 2a ed. ampl. Petrópolis: Vozes, 2017.

HAYASIDA, Nazaré Maria de Albuquerque. "Morte e luto: Competências dos profissionais". *Revista Brasileira de Terapias Cognitivas*, Porto Alegre, v. 10, n. 2. pp. 112-121, 2014. Disponível em: https://cdn.publisher.gn1.link/rbtc.org.br/pdf/v10n2a07.pdf.

HOMERO. *Ilíada*. 2. ed. Trad. de Carlos Alberto Nunes. Rio de Janeiro: Ediouro, 2002.

HOU, Ching Lang. "Monnaies d'offrande et la notion de trésorerie dans la religion chinoise". *École pratique des hautes études*, n. 80/81, pp. 116-121, 1971.

JOÃO, Maria Thereza David. *Dos textos das pirâmides aos textos dos sarcófagos: a democratização da imortalidade como um processo sócio-político*. Niterói, UFF, 2008. Dissertação (mestrado em História Social).

LAO TSÉ. *Tao Te Ching*. Trad. de Wu Jyh Cherng. Rio de Janeiro: Mauad, 2001.

LOUNDO, Dilip; MISSE, Michel. *Diálogos tropicais: Brasil e Índia*. Rio de Janeiro: Editora UFRJ, 2003.

LOUNDO, Dilip. "Individuação como filosofia prática: a clínica da 'meia-idade' de C. G. Jung e a doutrina indiana dos Puruṣārthas". *Voluntas: Revista Internacional de Filosofia*, Santa Maria, v. 10, n. 2, pp. 21-33, 2019. Disponível em: https://periodicos.ufsm.br/voluntas/article/view/39088.

LOUNDO, Dilip. *Índia: Razão e religião*. YouTube (52 min). Disponível em: https://www.youtube.com/watch?v=a-1-OhSaJhxA.

LOUNDO, Dilip. "As raízes hinduístas do Budismo". *Numen: Revista de Estudos e Pesquisa da Religião*, Juiz de Fora, v. 20, n.1, pp. 47-56, 2017.

LOUNDO, Dilip. "Caminhos do filosofar na Índia: Conhecimento, ignorância e salvação segundo a Escola Vedanta". *Estudos Afro-Asiáticos*, Rio de Janeiro, v. 37, pp. 102-112, 2000.

MAIMÔNIDES. *Sefer Hamadá*. Mishnê Torá. São Paulo: Sêfer, 2014.

MELEIRO, Alexandrina M. A. da Silva; TENG, Chei Tung; WANG, Yuan Pang. *Suicídio: estudos fundamentais*. São Paulo: Segmento Farma, 2004.

O que é o luto

NÚÑEZ, Geni. "Monoculturas do pensamento e a importância do reflorestamento do imaginário". *ClimaCom – Diante dos Negacionismos* [online], Campinas, ano 8, n. 21, nov. 2021. Disponível em: http://climacom. mudancasclimaticas.net.br/monoculturas-do-pensamento/.

OLIVEIRA, Alair Geraldo et al. "Islã e pluralidade: Religião, sociedade e cultura". *Sacrilegens*, Juiz de Fora, v. 15, n. 2, pp. 424-512, jul./dez. 2018.

OYĚWÙMÍ, Oyèrónkẹ́. *The Invention of Women: Making an African Sense of Western Gender Discourses*. Minneapolis: University of Minnesota Press, 1997.

OYĚWÙMÍ, Oyèrónkẹ́. "Conceptualizing Gender: The Eurocentric Foundations of Feminist Concepts and the Challenge of African", *Jenda: A Journal of Culture and African Women Studies*, Nova Iorque, v. 2, n. 1, 2002.

OYĚWÙMÍ, Oyèrónkẹ́. *What Gender is Motherhood? Changing Yorùbá Ideals of Power, Procreation, and Identity in the Age of Modernity*. Nova Iorque: Palgrave MacMillan, 2015.

PESSOA, Fernando. *Poesia completa de Alberto Caeiro*. Edição de Fernando Cabral Martins e Richard Zenith. 5ª ed. São Paulo: Companhia de Bolso, 2008, p. 65.

PINTO, Paulo Gabriel Hilu da Rocha. *Islã: Religião e civilização. Uma abordagem antropológica*. Aparecida, SP: Santuário, 2010.

RAMOSE, Mogobe B. "A ética do ubuntu". Tradução para uso didático de Éder Carvalho Wen. RAMOSE, Mogobe B. *The ethics of ubuntu*. In: COETZEE, Peter H.; ROUX, Abraham P.J. (Eds). *The African Philosophy Reader*. Nova Iorque: Routledge, 2002. pp. 324-330.

SAID, Edward W. *Orientalismo: O oriente como invenção do ocidente*. Trad. de Rosaura Eichenberg. São Paulo: Companhia das Letras, 2007.

SANTOS, Antônio Bispo dos. *Colonização, quilombos: modos e significações*. Brasília: INCT/UnB, 2015. p. 31.

SANTOS, Juana Elbein dos. *Os nagô e a morte*. Petrópolis: Vozes, 2002. p. 122.

SCHIPPER, Christoffer. *Le corps taoiste. L'éspace intérieur*. 25ª ed. Paris: Feyard, 1982.

SIMAS, Luiz Antônio; RUFINO, Luiz. *Fogo no mato: a ciência encantada das macumbas*. Rio de Janeiro: Mórula, 2018, pp. 102-103.

SOUSTELLE, Jacques. *A civilização asteca*. Rio de Janeiro: Jorge Zahar, 2002.

SOUZA, Christiane Pantoja; SOUZA, Airle Miranda. "Rituais fúnebres no processo do luto: Significados e funções". *Psicologia: Teoria e Pesquisa*. Belém, v. 35, 2019. Disponível em: https://doi.org/10.1590/0102.3772e35412.

SOUZA, Jéssica Horácio; REICHOW, Jeverson Costa. O fálico narcisista através da afirmação social de estereótipos masculinos. In: VOLPI, José Henrique; VOLPI,